CARTEA DE DESERTURI LEDOVÉ ZLATO

Explorați lumea bogată a deliciilor înghețate cu 100 de rețete opulente

Carina Angelica

Material cu drepturi de autor ©2024

Toate drepturile rezervate

Nicio parte a acestei cărți nu poate fi utilizată sau transmisă sub nicio formă sau prin orice mijloc fără acordul scris corespunzător al editorului și al proprietarului drepturilor de autor, cu excepția citatelor scurte utilizate într-o recenzie. Această carte nu trebuie considerată un substitut pentru sfaturi medicale, juridice sau alte sfaturi profesionale.

CUPRINS

CUPRINS 3
INTRODUCERE 6
PORȚI, BOMBE ȘI TERINE 7
   1. Terină de macaroane congelată 8
   2. Gateau de inghetata de ciocolata si cirese 10
   3. Bombă de ciocolată 13
   4. Grand Marnier și sufleu cu gheață cu portocale 15
   5. Mousse de ciocolată dublă cu gheață 17
   6. Tort Congelat Lemon Curd 19
   7. Alaska coaptă cu ananas 22
   8. Pavlova cu gheață cu căpșuni 24
   9. Fleac cu gheață de zmeură și piersici 26
ÎNGHEȚATĂ 28
   10. Înghețată botanică de lavandă 29
   11. Înghețată Earl Grey de caise 32
   12. Înghețată cu curmale 35
   13. Gheata de Smochin Auriu Cu Rom 37
   14. Înghețată cu ghimbir proaspăt 39
   15. Înghețată proaspătă cu piersici 41
GELATO 43
   16. Gelato Di Crema 44
   17. Gelat cu fistic 46
   18. Gelat de ciocolată amară 48
   19. Gelat Ripple cu Zmeura 50
   20. Gelat cu lamaie 52
   21. Tutti-Frutti Gelato 54
   22. Gelat cu cafea 56
   23. Gelat cu kumquat 58
   24. Gelat cu migdale Amaretto 60
   25. Înghețată cu scorțișoară cu fulgi de ovăz 62
   26. Gelat dublu de ciocolată 64
   27. Gelat Cirese-Capsuni 66
   28. Gelat De Lime Cu Seminte De Chia 68
   29. Gelato Toblerone 70
   30. Gelat cu ciocolata Nutella 72
   31. Gelat cu cireșe 74
   32. Gelat de mure 76
   33. Gelat cu zmeura 78
   34. Gelat cu afine 80
   35. Gelat de mango 82

36. Gelat cu unt de arahide 84
37. Gelat cu alune 86
38. Gelat mixt de fructe de pădure 88
39. Gelat de cocos 90
40. Gelat de dovleac 92
41. Gelat cu ananas și nucă de cocos 94
42. Gelat cu limonadă 96
43. Gelat cu avocado 98
44. Gelat de ciocolată neagră 100
45. Gelat Caramel 102
46. Gelat cu alune 105
47. Gelato Nutella 108
48. Gelat de căpșuni 111
49. Gelat cu ciocolată 113
50. Gelat Cannoli 116
51. Gelat cu vișine 119
52. Gelat de ciocolată picant 122

SUNDAES 125
53. Knickerbocker Glory 126
54. Piersica Melba 128
55. Sundae cu nuci de ciocolată 130

SORBET 132
56. Sorbet mixt de fructe de padure 133
57. Sorbet de căpșuni și mușețel 135
58. Sorbet de căpșuni, ananas și portocale 137
59. Sorbet banane-capsuni 139
60. Sorbet de zmeura 141
61. Sorbet de căpșuni Tristar 143
62. Sorbete De Jamaica 145
63. Sorbet cu fructe ale pasiunii 147
64. Sorbet Kiwi 149
65. Sorbet de gutui 151
66. Sorbet de guava 153
67. Sorbet de rodie ghimbir 155
68. Sorbet de afine cu mere 157
69. Sorbet de pepene verde 159
70. Cactus Paddle Sorbet cu Ananas și Tei 161
71. Sorbet de avocado-fructele pasiunii 163
72. Sorbet de Vicor 165
73. Pentru un resh Sorbet de ananas 167
74. Sorbet cu piersici albe 169
75. Sorbet de pere 171
76. Sorbet de struguri Concord 173

    77. Sorbet Deviled Mango 175

IAURT INGHETAT 177
    78. Iaurt congelat cu ghimbir proaspăt 178
    79. Iaurt congelat cu piersici proaspete 181
    80. Tort Islandez Iaurt Inghetat 184
    81. Iaurt Înghețat Cu Rozmarin și Fructe Confitate 187
    82. Surpriză de ciocolată congelată 189
    83. Iaurt înghețat cu mure 191
    84. Iaurt înghețat cu miere de roșcove 193
    85. Ghimbir Si Rubarba Iaurt Inghetata 195
    86. Iaurt înghețat cu miere 197

AFFOGATO 199
    87. Affogato cu alune de ciocolată 200
    88. Amaretto Affogato 202
    89. Tiramisu Affogato 204
    90. Affogato de caramel sărat 206
    91. Sorbet de lamaie Affogato 208
    92. Affogato cu fistic 210
    93. Affogato de nucă de cocos 212
    94. Affogato de migdale 214
    95. Affogato de portocale și ciocolată neagră 216
    96. Nutella Affogato 218
    97. Chip de ciocolată cu mentă Affogato 220
    98. Sorbet de zmeură Affogato 222
    99. Caramel Macchiato Affogato 224
    100. Biscotti cu alune Affogato 226

CONCLUZIE 228

INTRODUCERE

Bine ați venit la „Cartea de bucate pentru deserturi de aur cu gheață", pașaportul dvs. pentru a explora lumea bogată și luxoasă a deliciilor congelate prin 100 de rețete opulente care vă vor uimi papilele gustative și vă vor încânta simțurile. Ice Gold reprezintă simbolul răsfățului înghețat, unde fiecare mușcătură este o simfonie de arome, texturi și senzații care te transportă într-un tărâm al beatitudinii culinare pure. În această carte de bucate, vă invităm să porniți într-o călătorie prin peisajul desertului înghețat, unde creativitatea nu cunoaște limite, iar decadența domnește suprem.

În această carte de bucate, veți descoperi o comoară de rețete de deserturi congelate care prezintă posibilitățile nelimitate ale Ice Gold. De la preparate clasice, cum ar fi gelato cremos și sorbet răcoritor, până la creații inovatoare, cum ar fi prăjiturile cu înghețată extravagante și semifreddo elegant, fiecare rețetă este o dovadă a talentului și ingeniozității producătorilor de deserturi congelate din întreaga lume. Indiferent dacă sunteți un cunoscător experimentat sau un explorator începător, există ceva de care să se bucure toată lumea în această colecție. Ceea ce distinge „CARTEA DE DESERTURI LEDOVÉ ZLATO" este accentul pus pe extravaganță și lux. Fiecare rețetă este creată pentru a evoca un sentiment de opulență și răsfăț, folosind ingrediente premium, tehnici complicate și prezentare rafinată pentru a crea capodopere congelate pe cât de frumoase, pe atât de delicioase. Fie că găzduiești o cină fastuoasă, sărbătorești o ocazie specială sau pur și simplu te răsfeți cu un moment de răsfăț culinar, aceste rețete vor lăsa cu siguranță o impresie de durată. Pe parcursul acestei cărți de bucate, veți găsi sfaturi practice pentru a stăpâni arta de a face deserturi congelate, precum și fotografii uimitoare pentru a vă inspira creațiile culinare. Indiferent dacă pregătești un sorbet rapid pentru o zi fierbinte de vară sau lucrezi la un tort elaborat cu înghețată pentru o adunare festivă, „CARTEA DE DESERTURI LEDOVÉ ZLATO" oferă o multitudine de rețete, tehnici și inspirație pentru a te ajuta să creezi delicii congelate. care sunt cu adevărat demne de admirație.

PORȚI, BOMBE ȘI TERINE

1. Terină de macaroane congelată

INGREDIENTE:
- 2 albusuri
- 1/2 cană zahăr cofetar, cernut
- 2 cesti de smantana groasa, batuta usor
- 1 cană macaroons zdrobiți
- 3 linguri. Lichior de amaretto
- 1 cană pralină de migdale zdrobite
- bucle sau forme de ciocolata, pentru a decora
- Bateți albușurile spumă, apoi adăugați zahărul până când devine gros și lucios.

INSTRUCȚIUNI:
a) Într-un alt castron, bateți smântâna până se întărește, apoi adăugați macaroanele zdrobite și Amaretto. Se pliază în albușurile.
b) Se pune într-o tavă cu terină de 3 × 11 inchi sau într-o tavă de pâine și se îngheață peste noapte până când este complet fermă.
c) Când este gata de servire, răsturnați-o pe o foaie de folie pliată. Pune pralina pe o altă foaie. Acoperiți cu grijă terina cu pralina zdrobită, apăsând ușor cu un cuțit pentru a acoperi toată, cu excepția bazei. Transferați terina într-un platou de servire și decorați cu bucățile de ciocolată.

2.Gateau de inghetata de ciocolata si cirese

INGREDIENTE:
- 1 cană (2 bețișoare) unt nesărat
- 1 cană zahăr superfin
- 1 lingura extract pur de vanilie
- 4 oua, batute
- 2 căni mai puțin 1 lingură grămadă. făină universală
- 1 lingură grămadă. pudră de cacao neîndulcită
- 1 1/2 linguriță. praf de copt
- 4 cani de cirese fara samburi si tocate
- 1/2 cană suc de afine
- 3 linguri. zahăr brun deschis
- 1/2 reteta gelato de vanilie de lux
- 1 cană smântână groasă, bătută ușor
- câteva cireșe pentru topping
- bucle de ciocolată

INSTRUCȚIUNI:

a) Preîncălziți cuptorul la 350°F (180°C). Ungeți ușor o tavă de prăjitură de 7 inci sau cu fundul liber. Bateți untul, zahărul și vanilia împreună până devine palid și cremos. Bateți ușor jumătate din ouă, apoi adăugați treptat ingredientele uscate, alternând cu restul ouălor, până se omogenizează bine. Turnați în tava de tort pregătită, aplatizați partea superioară și coaceți timp de 35 până la 40 de minute până când sunt ferme la atingere. Se răcește în tavă, apoi se scoate, se înfășoară în folie și se dă la frigider până se răcește cu adevărat, pentru a ușura felierea.

b) Pune cireșele într-o cratiță mică cu sucul de afine și zahărul brun. Gatiti la foc moderat pana se inmoaie. Se lasa deoparte la racit, apoi se da la frigider pana se raceste cu adevarat. Pregătiți gelato-ul cu vanilie până ajunge la o consistență de lingură.

c) Cu un cuțit lung, tăiați tortul în trei straturi uniforme. Puneți un strat în tava de tort de 7 inci și acoperiți cu jumătate de cireșe și o treime din sucul acestora. Acoperiți cu un strat de gelato, apoi cu al doilea strat de tort. Adăugați restul de cireșe, dar nu tot sucul (folosește restul de suc pentru a umezi partea inferioară a celui de-al treilea strat de prăjitură). Acoperiți cu restul de gelato și cu stratul final de tort. Apăsați bine, acoperiți cu folie de plastic și congelați peste noapte. (Dacă se dorește, tortul poate fi păstrat la congelator până la 1 lună.)

3.Bombă de ciocolată

INGREDIENTE:
- 1/2 reteta gelato cu ciocolata amara
- 1/2 cană smântână pentru frișcă
- 1 albus mic de ou
- 1/8 cană zahăr superfin
- 4 uncii. zmeura proaspata, piure si strecurata
- 1 reteta sos de zmeura

INSTRUCȚIUNI:

a) În congelator, răciți o formă de bombe de 3 1/2 până la 4 cani sau un bol metalic. Pregătiți gelato-ul. Când are o consistență tartinabilă, puneți forma într-un bol cu gheață. Tapetați interiorul formei cu gelato, asigurându-vă că este un strat gros, uniform. Neteziți partea superioară. Puneți forma imediat în congelator și congelați până se întărește cu adevărat.

b) Intre timp, batem smantana pana se taie. Într-un castron separat, bate albușul spumă până formează vârfuri moi, apoi amestecă ușor zahărul până devine lucios și tare. Îmbinați frișca, albușul de ou și zmeura strecurată și răciți. Când gheața de ciocolată este cu adevărat fermă, turnați amestecul de zmeură în mijlocul bombei. Se netezește partea de sus, se acoperă cu hârtie cerată sau folie și se îngheață cel puțin 2 ore.

c) Cu aproximativ 20 de minute înainte de servire, scoateți bombele din congelator, împingeți o frigărui fină prin mijloc pentru a elibera blocarea de aer și treceți un cuțit în jurul marginii superioare interioare. Răsturnați pe o farfurie răcită și ștergeți pentru scurt timp tigaia cu o cârpă fierbinte. Strângeți sau scuturați tigaia o dată sau de două ori pentru a vedea dacă bomba va aluneca; dacă nu, ștergeți din nou cu o cârpă fierbinte.

d) Când alunecă afară, poate fi necesar să curățați suprafața superioară cu un cuțit de paletă mic și apoi să reveniți imediat la congelator timp de cel puțin 20 de minute pentru a se întări din nou.

e) Se servesc, taiate felii, cu sosul de zmeura. Această bombe se va păstra timp de 3 până la 4 săptămâni în tava sa în congelator.

4. Grand Marnier și sufleu cu gheață cu portocale

INGREDIENTE:
- 4 portocale mari
- 1 (1/4 oz.) plic gelatină fără arome
- 6 ouă mari, separate
- 1 cană plus 2 linguri. zahăr superfin
- 4 până la 6 linguri. Grand Marnier
- 2 linguri. suc de lămâie
- 1 3/4 cani de frisca, batuta
- 2 linguri. apă
- câteva tulpini de coacăze roșii

INSTRUCȚIUNI:

a) Pregătiți un vas de sufleu adânc de 7 inci, învelindu-l într-un guler de hârtie cerată dublă care vine la aproximativ 2 inci deasupra marginii. Asigurați hârtia cerată cu bandă adezivă. Se rade fin coaja a 2 portocale si se lasa deoparte. Stoarceți suficient suc din 2 sau 3 portocale pentru a face 1 cană de suc. Se încălzește sucul de portocale și apoi se amestecă gelatina. Pune-l deoparte pentru a se dizolva sau pune-l într-un castron mic peste apă fierbinte până se dizolvă complet.

b) Bateți gălbenușurile și 1 cană de zahăr până devine groasă și cremoasă. Se amestecă sucul de portocale, coaja de portocale, Grand Marnier și sucul de lămâie. Dați deoparte să se răcească, dar nu răciți. Albusurile se bat spuma. Împingeți-le ușor în amestecul răcit de portocale și gălbenușuri de ou, urmat de frișcă, până se încorporează bine. Se pune în vasul de sufleu pregătit și se congelează câteva ore sau peste noapte.

c) Tăiați subțire și înjumătățiți portocala rămasă și puneți-le într-o tigaie mică sau într-o tigaie cu restul de 2 linguri de zahăr și 2 linguri de apă. Se fierbe usor pana se inmoaie, apoi se fierbe la foc mare pana cand segmentele de portocala incep sa se carameliceze. Se răcește bine pe o foaie de hârtie cerată.

d) Pentru a servi, scoateți cu grijă gulerul de hârtie din jurul sufleului și puneți vasul pe o farfurie de servire. Aranjați segmentele de portocale caramelizate deasupra sufleului și adăugați câteva tulpini de coacăze roșii proaspete.

5.Mousse de ciocolată dublă cu gheață

INGREDIENTE:
- 3 până la 4 linguri. lapte foarte fierbinte
- 1 (1/4 oz.) plic gelatină fără arome
- 1 1/2 cani bucati de ciocolata alba
- 4 linguri. (1/2 baton) unt nesarat
- 2 albusuri mari
- 1/2 cană zahăr superfin
- 1/2 cană ciocolată neagră tocată fin (doriți să păstrați puțină textură)
- 1/2 cană smântână groasă, bătută ușor
- 1/2 cană iaurt în stil grecesc
- 18 boabe de cafea sau stafide acoperite cu ciocolată
- 1 lingura pudră de cacao neîndulcită, cernută

INSTRUCȚIUNI:
a) Se presară gelatina peste laptele fierbinte și se amestecă pentru a se dizolva. Dacă este necesar, puneți la microunde timp de 30 de secunde pentru a se dizolva. Topiți ușor ciocolata albă și untul până se omogenizează. Se amestecă gelatina dizolvată și se lasă deoparte să se răcească, dar nu o lăsa să se întărească din nou. Albusurile se bat spuma tare, apoi se adauga treptat zaharul si se adauga ciocolata neagra.

b) Îmbinați cu grijă ciocolata albă răcită, frișca, iaurtul și albușurile. Turnați amestecul în 6 forme individuale sau într-o formă mare, căptușită cu folie de plastic pentru o desfacere ușoară. Aplatizați bine vârfurile. Acoperiți și congelați timp de 1 până la 2 ore sau peste noapte.

c) Pentru a servi, slăbiți marginile superioare cu un cuțit mic. Întoarceți fiecare formă pe o farfurie de servire și ștergeți cu o cârpă fierbinte sau îndepărtați ușor mousse-ul cu folie de plastic. Puneți mousse-urile la congelator, până sunt gata de mâncare. Se serveste cu boabe de cafea acoperite cu ciocolata sau cu stafide si o cerne usoara de ciocolata pudra.

6.Tort Congelat Lemon Curd

INGREDIENTE:
- 1/2 cană (1 baton) unt nesărat
- 1/2 cană zahăr superfin
- 2 ouă mari
- 1 lingura extract pur de vanilie
- 1 cană de făină universală
- 1 1/2 linguriță. praf de copt
- 2 până la 4 linguri. lapte
- 1 1/2 cană lemon curd de bună calitate
- 2 lămâi mari
- 1 (1/4 oz.) plic gelatină fără arome
- 2 cesti crema de branza
- 1 cană zahăr superfin
- 1 cană iaurt simplu
- 2 albusuri mari

INSTRUCȚIUNI:

a) Preîncălziți cuptorul la 375 ° F (190 ° C). Bateți untul și zahărul împreună până devine palid și cremos, apoi adăugați ouăle și vanilia. Amestecați treptat ingredientele uscate , adăugând puțin lapte dacă amestecul nu are o consistență moale, care scădea.

b) Când este bine omogenizat, puneți-l într-o tavă antiaderență de 8 inci pătrată, cu fundul liber. Se netezește partea de sus și se coace timp de 20 până la 25 de minute până când crește uniform și doar ferm la atingere. Se lasa sa se raceasca in tigaie.

c) Între timp, îndepărtați câteva bucăți mari de coajă de lămâie pentru decor și păstrați acoperit. Răziți restul de coajă într-un bol de amestecare. Stoarceți sucul într-o cană de măsurat și adăugați apă pentru a face 3/4 de cană lichid. Se încălzește acest lichid, apoi se stropește cu gelatină și se amestecă până se dizolvă. Lasa sa se raceasca.

d) Puneți brânza de vaci în vasul cu coaja de lămâie, adăugați jumătate de zahăr și bateți până devine omogen. Apoi amestecați gelatina răcită și iaurtul.

e) Într-un castron separat, bate albușul până se întărește, apoi amestecă zahărul. Îndoiți acest amestec în amestecul de brânză de vaci până la omogenizare.

f) Întindeți un strat gros de lemon curd peste prăjitura din tavă și apoi puneți cu lingura amestecul de brânză de vaci. Se netezește blatul și se pune la congelator timp de 2 ore sau până când este gata de servire.

7.Alaska coaptă cu ananas

INGREDIENTE:
- 1 6 până la 8 oz. bucată de prăjitură cu ghimbir cumpărată din magazin
- 6 felii de ananas copt, decojit
- 3 căni de gelato tutti-frutti, înmoaie
- 3 albusuri mari
- 3/4 cană zahăr superfin
- câteva bucăți de ananas proaspăt, pentru a decora

INSTRUCȚIUNI:
a) Tăiați tortul în 2 bucăți groase și aranjați într-un pătrat sau cerc pe o foaie de căptușeală reutilizabilă pe o tavă, astfel încât să îl puteți transfera cu ușurință într-un vas de servire mai târziu.
b) Tăiați cele 6 felii de ananas în triunghiuri sau sferturi, peste tort pentru a prinde orice picături. Aranjați bucățile de ananas deasupra prăjiturii, apoi acoperiți cu gelato. Dati imediat tava la congelator pentru a recongela gelato-ul, daca s-a inmuiat prea mult.
c) Între timp, albușurile se bat spumă pană se întăresc, apoi se bate treptat zahărul până când amestecul devine tare și lucios. Întindeți amestecul de bezea uniform pe toată gelato-ul și puneți-o la congelator. Acesta poate fi congelat pentru câteva zile, dacă doriți.
d) Când este gata de servire, încălziți cuptorul la 450 ° F (230 ° C). Pune tava în cuptorul încins pentru doar 5 până la 7 minute sau până când devine aurie peste tot. Transferați într-un vas de servire și serviți imediat, decorate cu câteva bucăți de ananas proaspăt.

8. Pavlova cu gheață cu căpșuni

INGREDIENTE:
- 2 lingurite amidon de porumb
- 1 cană zahăr superfin
- 4 albusuri, la temperatura camerei
- zahăr de cofetar, cernut
- 1 1/2 cani de sorbet de capsuni
- 1/2 cană smântână groasă
- zahăr de cofetă, căpșuni proaspete și frunze de mentă, pentru a decora

INSTRUCȚIUNI:
a) Aliniați un 12 × 9 inchi. tavă pentru jeleu cu o căptușeală de copt antiaderentă sau hârtie cerată, tăiată pentru a se potrivi. Cerneți amidonul de porumb și amestecați uniform cu zahărul superfin.
b) Albusurile se bat spuma pana formeaza varfuri tari, dar nu sunt uscate si sfaramicioase. Apoi amestecați treptat amestecul de zahăr-amidon de porumb până când este tare și lucios. Se pune în tava pregătită și se aplatizează partea superioară.
c) Puneți-l într-un cuptor rece și întoarceți-l la 300°F (150°C). Gătiți timp de 1 oră până când blatul este crocant, dar bezeaua încă se simte elastică (dacă pare că se colorează devreme la gătit, reduceți temperatura pentru a nu deveni maro).
d) Se răstoarnă imediat pe o foaie dublă de hârtie cerată care a fost stropită cu zahăr de cofetarie cernută și se lasă să se răcească.
e) Intre timp se inmoaie sorbetul si se bate frisca. Cand bezeaua s-a racit se intinde cu grija si repede cu sorbet si apoi cu frisca. Rulați, folosind hârtia ca suport și înfășurați ușor în folie.
f) Reveniți la congelator. Congelați aproximativ 1 oră (sau până la câteva zile) înainte de servire, stropiți cu mai mult zahăr de cofetă și acoperiți cu căpșuni proaspete și mentă.

9.Fleac cu gheață de zmeură și piersici

INGREDIENTE:
- 4 bucăți de prăjitură, tocate
- 4 până la 8 linguri. sherry sau Marsala
- 7 până la 8 linguri. jeleu de zmeura
- 1 cană de zmeură proaspătă sau congelată
- 2 piersici ferme coapte, curatate de coaja si feliate
- 4 linguri de inghetata de vanilie, se inmoaie
- 1 cana frisca grea batuta
- zmeura proaspata si felii de piersici, pentru a decora

INSTRUCȚIUNI:
a) Se sfărâmă tortul în baza a 4 vase de servire sau pahare. Presarati sherry sau Marsala uniform peste prajitura.
b) Combinați jeleul și zmeura, apoi turnați peste prăjitură. Acoperiți cu piersicile tăiate felii.
c) Întindeți înghețata de înmuiere peste piersici. Se unge cu frisca si se da la congelator pana la 1 ora inainte de servire.
d) Când este gata de servire, acoperiți cu câteva bucăți de fructe proaspete.

ÎNGHEȚATĂ

10. Înghețată botanică de lavandă

INGREDIENTE:
- 2 căni de smântână groasă
- 1 cană lapte integral
- 3/4 cană zahăr granulat
- 2 linguri muguri de lavandă uscați (grad culinar)
- 5 gălbenușuri mari
- 1 lingurita extract de vanilie

INSTRUCȚIUNI:
Infuzați crema și laptele:
a) Într-o cratiță, combinați smântâna groasă, laptele integral și mugurii de lavandă deshidratați.
b) Se încălzește amestecul la foc mediu pană când începe să fiarbă. Nu fierbe.
c) Odată ce fierbe, se ia cratița de pe foc și se lasă levănțica la infuzat în amestec pentru aproximativ 20-30 de minute.
d) După înmuiere, strecoară amestecul printr-o sită cu ochiuri fine sau o pânză de brânză pentru a îndepărta mugurii de lavandă. Apăsați pe lavandă pentru a extrage cât mai multă aromă.

PREGĂTIȚI BAZA DE ÎNGHEȚATĂ:
e) Într-un castron separat, amestecați gălbenușurile și zahărul pănă când se combină bine și se îngroașă ușor.
f) Turnați încet crema infuzată cu levănțică în amestecul de ouă, amestecând constant pentru a preveni închegarea ouălor.
g) Întoarceți amestecul combinat în cratiță.
h) Gătiți crema la foc mediu, amestecând constant, până se îngroașă suficient pentru a acoperi spatele unei linguri. Acest lucru durează de obicei aproximativ 5-7 minute. Nu lăsați să fiarbă.
i) Se strecoară crema printr-o sită cu ochiuri fine într-un castron curat pentru a îndepărta orice rămășițe de ou fiert sau de lavandă.
j) Lăsați crema să se răcească la temperatura camerei. Puteți accelera procesul punând vasul într-o baie de gheață.
k) Odată ce crema s-a răcit, amestecați extractul de vanilie.
l) Acoperiți vasul cu folie de plastic și lăsați-l la frigider pentru cel puțin 4 ore sau peste noapte pentru a permite aromelor să se topească.

BATĂ ÎNGHETATA:

m) Turnați amestecul răcit într-un aparat de înghețată și amestecați conform instrucțiunilor producătorului .
n) Transferați înghețata amestecată într-un recipient cu capac și congelați timp de câteva ore sau până când se întărește.
o) Scoateți înghețata botanică în boluri sau conuri și savurați aromele unice!

11. Înghețată Earl Grey de caise

INGREDIENTE:
- 1 cană de caise uscate
- ⅓ cană plus 2 linguri de zahăr granulat
- ⅔ cană apă
- 1 ½ cană de lapte
- 2 linguri frunze de ceai Earl Grey
- 1 ½ cană de smântână groasă
- Vârf de cuțit de sare
- 4 gălbenușuri de ou
- 1 lingura rachiu de caise sau lichior de portocale

INSTRUCȚIUNI:

a) Într-o cratiță grea mică, combinați caisele, 2 linguri de zahăr și apă. Se aduce la fierbere la foc moderat. Reduceți focul la moderat scăzut și fierbeți, neacoperit, până când caisele sunt fragede, 10 până la 12 minute.

b) Transferați caisele și orice lichid rămas într-un robot de bucătărie și faceți piure până la omogenizare, răzuind părțile laterale ale vasului o dată sau de două ori. Pus deoparte.

c) Într-o cratiță grea medie, combinați laptele și frunzele de ceai. Se încălzește la foc mic până când laptele este fierbinte. Se ia de pe foc si se lasa la infuzat 5 minute. Strecurați laptele printr-o strecurătoare cu ochiuri fine.

d) Întoarceți laptele în cratiță și adăugați smântâna groasă, ⅓ cană zahăr rămasă și sare. Gatiti la foc moderat, amestecand des cu o lingura de lemn pana cand zaharul este complet dizolvat si amestecul este fierbinte, 5-6 minute. Se ia de pe foc.

e) Într-un castron mediu, bateți gălbenușurile până se omogenizează. Adăugați treptat o treime din smântâna fierbinte într-un flux subțire, apoi amestecați înapoi în smântâna rămasă în cratiță.

f) Gatiti la foc moderat mic, amestecand constant pana cand crema imbraca usor spatele lingurii, 5 pana la 7 minute; nu lasa sa fiarba.

g) Se ia imediat de pe foc și se strecoară crema într-un castron mediu. Pune vasul într-un castron mai mare cu gheață și apă. Lasati crema sa se raceasca la temperatura camerei, amestecand din cand in cand.

h) Se amestecă piureul de caise rezervat și coniacul până se omogenizează. Acoperiți și lăsați la frigider până se răcește, cel puțin 6 ore, sau peste noapte.

i) Turnați crema într-un aparat de înghețată și congelați conform instrucțiunilor producătorului.

12.Înghețată cu curmale

INGREDIENTE:
- ⅓ cană curmale tăiate cu sâmburi
- 4 linguri rom
- 2 ouă, separate
- ½ cană zahăr granulat
- ⅔ cană lapte
- 1 ½ cană de brânză de vaci
- Coaja rasa fin si zeama de la 1 lamaie
- ⅔ cană smântână, bătută
- 2 linguri de ghimbir tulpina tocata marunt

INSTRUCȚIUNI:
a) Înmuiați curmalele în rom aproximativ 4 ore. Pune gălbenușurile de ou și zahărul într-un castron și bate până la lumină. Se încălzește laptele până la punctul de fierbere într-o cratiță apoi se amestecă în gălbenușurile de ou. Reveniți amestecul în tigaia clătită și gătiți la foc mic, amestecând continuu, până se îngroașă. Se răcește, amestecând din când în când.

b) Procesați brânza de vaci, coaja de lămâie și sucul și romul strecurat de la curmale împreună într-un blender sau robot de bucătărie până se omogenizează, apoi amestecați cu crema. Turnați amestecul într-un recipient, acoperiți și congelați până când devine ferm. Turnați într-un castron, bateți bine, apoi adăugați frișca, curmale și ghimbirul. Bateți albușurile într-un castron până când se întăresc, dar nu se usucă și amestecați-le în amestecul de fructe. Turnați amestecul înapoi în recipient. Acoperiți și congelați până se întăresc.

c) Cu aproximativ 30 de minute înainte de servire, transferați înghețata la frigider.

13. Gheata de Smochin Auriu Cu Rom

INGREDIENTE:
- 150 g smochine uscate gata de consumat
- 250 g brânză mascarpone din carton
- Cutie de 200 g de iaurt grecesc
- 2 linguri de zahar muscovado usor
- 2 linguri de rom negru

INSTRUCȚIUNI:
a) Pune smochinele într-un robot de bucătărie sau blender. Adăugați brânza mascarpone, iaurtul, zahărul și romul. Amestecați până la omogenizare, răzuind părțile laterale când este necesar.
b) Se acoperă și se da la frigider pentru aproximativ 30 de minute până se răcește.
c) Introduceți amestecul în mașina de înghețată și congelați conform instrucțiunilor.
d) Transferați într-un recipient adecvat și congelați până când este necesar.

14. Înghețată cu ghimbir proaspăt

INGREDIENTE:
- 2 căni de smântână groasă
- 1 cană lapte integral
- ¾ cană zahăr
- 1 bucată (3 inchi) de rădăcină de ghimbir proaspătă, decojită și tocată grosier
- 1 ou mare
- 3 galbenusuri mari
- 1 lingurita extract de vanilie

INSTRUCȚIUNI:

a) Combinați smântâna, laptele, zahărul și ghimbirul într-o cratiță mare. Aduceți la fiert, amestecând până se dizolvă zahărul. Se ia de pe foc. Acoperiți și lăsați să se răcească la temperatura camerei. Strecurați amestecul pentru a îndepărta întreaga rădăcină de ghimbir.

b) Aduceți amestecul de lapte înapoi la fierbere.

c) Bateți oul și gălbenușurile într-un castron mare. Când amestecul de lapte ajunge să fiarbă, se ia de pe foc și se trece foarte încet în amestecul de ouă pentru a-l tempera în timp ce amestecați constant.

d) Când s-a adăugat tot amestecul de lapte, puneți-l înapoi în cratiță și continuați să gătiți la foc mediu, amestecând constant, până când amestecul s-a îngroșat suficient pentru a acoperi spatele unei linguri, 2 până la 3 minute. Se ia de pe foc și se amestecă cu vanilie.

e) Se acoperă amestecul de lapte și se lasă să se răcească la temperatura camerei, apoi se dă la frigider până se răcește bine, 3 până la 4 ore sau peste noapte. Turnați amestecul răcit într-un aparat de înghețată și congelați conform instrucțiunilor.

f) Transferați înghețata într-un recipient sigur pentru congelator și puneți-l în congelator. Lăsați-l să se întărească timp de 1 până la 2 ore înainte de servire.

15. Înghețată proaspătă cu piersici

INGREDIENTE:
- 2 linguri gelatina fara aroma
- 3 cesti de lapte, impartite
- 2 căni de zahăr granulat
- 1/4 lingurita sare
- 6 ouă
- 1 1/2 cani jumatate si jumatate
- 1 cutie mică budincă instant de vanilie
- 1 lingura plus 2 lingurite extract de vanilie
- 4 cani de piersici zdrobite

INSTRUCȚIUNI:

a) Înmoaie gelatina în 1/2 cană lapte rece. Opăriți încă 1 1/2 cană de lapte. Se amestecă amestecul de gelatină până se dizolvă. Adăugați zahăr, sare și 1 cană de lapte rămasă.

b) Bateți ouăle la viteza mare a mixerului timp de 5 minute. Adăugați jumătate și jumătate, amestecul de budincă, extractul de vanilie și amestecul de gelatină. Amestecați bine. Se amestecă piersici.

c) Congelați în congelator pentru înghețată conform instrucțiunilor producătorului. Se coace timp de 2 ore.

GELATO

16. Gelato Di Crema

INGREDIENTE:
- 2 ½ căni de smântână ușoară
- 5 gălbenușuri de ou
- ½ cană zahăr superfin

INSTRUCȚIUNI:
a) Încinge crema până când începe să bule, apoi se răcește ușor.
b) Într-un castron mare rezistent la căldură, bate gălbenușurile și zahărul până devine groasă și cremoasă. Bateți ușor crema de răcire în ouă.
c) Pune vasul peste o tigaie cu apă clocotită ușor și amestecă cu o lingură de lemn până când crema acoperă partea din spate a lingurii. Scoateți vasul și lăsați-l să se răcească.
d) Când crema este complet răcită, turnați-o într-un aparat de înghețată și procesați-o conform instrucțiunilor producătorului sau folosiți metoda de amestecare manuală . Opriți agitarea când este aproape ferm, transferați-l într-un recipient pentru congelator și lăsați-l la congelator timp de 15 minute înainte de servire sau până când este necesar.
e) Acest gelato este cel mai bine consumat proaspăt, dar poate fi congelat până la 1 lună. Scoateți cu cel puțin 15 minute înainte de servire pentru a se înmuia ușor.

17. Gelat cu fistic

INGREDIENTE:
- 2 căni de fistic decojit
- câteva picături de extract pur de migdale
- câteva picături de extract pur de vanilie
- 1 reteta gelato di crema

INSTRUCȚIUNI:

a) Înmuiați fisticul decojit în apă clocotită timp de 5 minute, apoi scurgeți și frecați pielea cu o cârpă curată. Măcinați nucile până la o pastă într-un blender sau robot de bucătărie cu câteva picături de extract de migdale și vanilie fiecare, adăugând doar puțină apă fierbinte pentru a ajuta la crearea unui piure fin.

b) Pregătiți gelato-ul de bază sau una dintre variantele sale. Se amestecă piureul în gelato, se gustă și se mai adaugă câteva picături din unul sau ambele extracte, dacă este necesar, după gust.

c) Turnați într-un aparat de înghețată și procesați conform instrucțiunilor producătorului sau într-un recipient de congelare și utilizați metoda de amestecare manuală. Opriți agitarea când este aproape ferm, transferați-l într-un recipient pentru congelator și lăsați-l la congelator timp de 15 minute înainte de servire sau până când este necesar.

d) O înghețată bogată cu nuci ca aceasta nu trebuie congelată mai mult de câteva săptămâni. Scoate-l din congelator cu 15 minute înainte de servire pentru a se înmoaie ușor.

e)

18. Gelat de ciocolată amară

INGREDIENTE:
- 2 ½ cani de lapte integral
- 7 oz. ciocolată neagră, ruptă în bucăți
- 5 gălbenușuri de ou
- ¼ cană zahăr brun deschis
- 1 cană smântână groasă, bătută

INSTRUCȚIUNI:
a) Se încălzește jumătate din lapte într-o tigaie cu ciocolata până se topește și se omogenizează, amestecând din când în când. Se da deoparte la racit. Aduceți restul de lapte aproape la fierbere. Într-un castron mare termorezistent, bateți gălbenușurile și zahărul până se îngroașă, apoi adăugați treptat laptele fierbinte.
b) Pune vasul peste o tigaie cu apă clocotită și amestecă cu o lingură de lemn până când crema acoperă partea din spate a lingurii.
c) Se ia de pe foc si se lasa deoparte sa se raceasca complet.
d) Când s-a răcit, amestecați crema cu laptele de ciocolată, apoi adăugați frișca. Se toarnă într-un aparat de înghețată și se procesează conform instrucțiunilor producătorului sau se toarnă într-un recipient de congelare și se folosește metoda de amestecare manuală .
e) Se amestecă doar 15 până la 20 de minute sau până când se întărește. Transferați la congelator și congelați timp de 15 minute înainte de servire sau până când este necesar.
f) Acest gelato cu textura densă este cel mai bine consumat proaspăt, dar poate fi congelat până la 1 lună.
g) Scoateți cu cel puțin 15 minute înainte de servire pentru a se înmuia ușor.

19. Gelat Ripple cu Zmeura

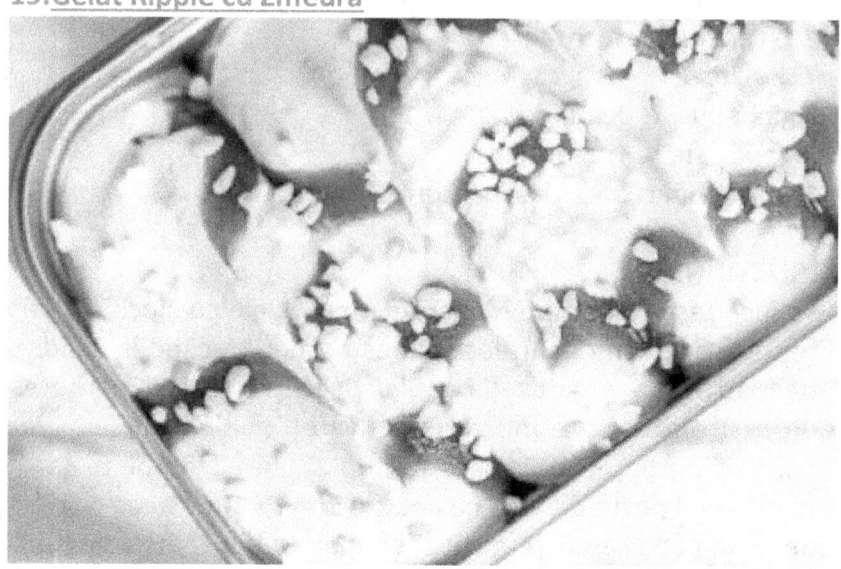

INGREDIENTE:
- 4 cani de zmeura proaspata
- ¼ cană zahăr superfin
- 1 lingura suc de lămâie
- 1 reteta gelato di crema

INSTRUCȚIUNI:
a) Scoateți ¼ de cană de zmeură și zdrobiți scurt. Pus deoparte. Se amestecă fructele de pădure rămase, zahărul și sucul de lămâie. Apăsați printr-o sită. Pune deoparte 4 linguri de piure la rece.
b) Pregătiți rețeta de bază de gelato di crema. Îndoiți piureul de zmeură în crema răcită. Se amestecă sau se îngheață ca înainte până când este aproape fermă.
c) Transferați gelato-ul într-un recipient ermetic de congelare și adăugați alternativ o lingură din piureul de fructe rezervat și zmeura zdrobită, astfel încât amestecul să se onduleze pe măsură ce îl serviți. Congelați timp de 15 minute sau până când este necesar.
d) Acest gelato poate fi congelat aproximativ 1 lună. Scoateți din congelator cu cel puțin 15 minute înainte de servire pentru a se înmoaie, deoarece fructele întregi pot îngreuna servirea.

20. Gelat cu lamaie

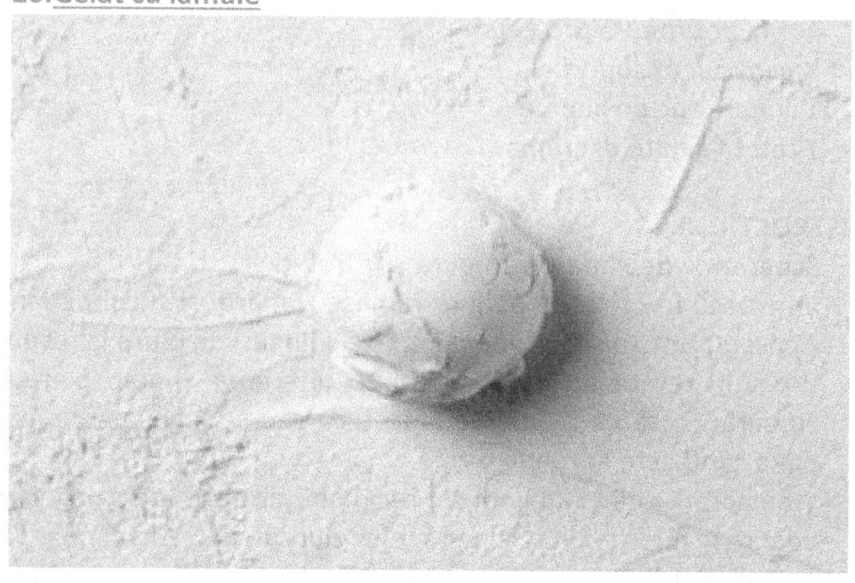

INGREDIENTE:
- 1 reteta gelato usor
- 2 lămâi fără ceară

INSTRUCȚIUNI:

a) Pregătiți gelatoul ușor de bază și apoi amestecați coaja rasă fin de lămâi și cel puțin ½ cană de suc de lămâie.

b) Turnați într-un aparat de înghețată și procesați conform instrucțiunilor producătorului sau utilizați metoda de amestecare manuală . Opriți agitarea când este aproape ferm, transferați-l într-un recipient pentru congelator și lăsați-l la congelator timp de 15 minute înainte de servire sau până când este necesar.

c) Acest gelato este cel mai bine consumat proaspăt, dar poate fi congelat până la 1 lună. Scoateți din congelator cu 15 minute înainte de servire pentru a se înmuia ușor.

21. Tutti-Frutti Gelato

INGREDIENTE:
- 1 reteta gelato di crema
- 1 cana fructe confiate tocate (cirese, ananas, coaja de citrice, ghimbir)

INSTRUCȚIUNI:
a) Pregătiți gelato-ul de bază și amestecați până se îngheață parțial. Amestecați fructele preferate și congelați până când este necesar.
b) Deși cel mai bine este consumat proaspăt, acest gelato poate fi congelat până la 1 lună. Scoateți din congelator cu 15 minute înainte de servire pentru a se înmuia ușor.

22.Gelat cu cafea

INGREDIENTE:
- 1 ¼ cană de smântână ușoară
- 5 gălbenușuri de ou
- ½ cană zahăr superfin
- 1 lingura extract pur de vanilie
- 1 ¼ cani de espresso extra-puter proaspat preparat

INSTRUCȚIUNI:
a) Se încălzește crema până când începe să bule, apoi se răcește ușor.
b) Într-un castron mare rezistent la căldură, bate gălbenușurile, zahărul și vanilia până devine groasă și cremoasă. Adăugați smântâna fierbinte și cafeaua, apoi puneți vasul peste o tigaie cu apă fierbinte. Amestecați constant cu o lingură de lemn până când crema acoperă partea din spate a lingurii.
c) Scoateți vasul de pe foc și lăsați-l să se răcească. Când este complet răcit, turnați într-un aparat de înghețată și procesați conform instrucțiunilor producătorului sau utilizați metoda de amestecare manuală . Opriți amestecarea când este aproape ferm, transferați-l într-un recipient de congelare și lăsați-l la congelator timp de 15 minute înainte de servire sau până când este necesar.
d) Această gelatoă este delicioasă proaspătă, dar poate fi congelată până la 3 luni. Scoateți cu 15 minute înainte de servire pentru a se înmuia ușor.

23. Gelat cu kumquat

INGREDIENTE:
- 2 cani de kumquats felii
- 2 linguri. rom negru sau suc de portocale
- 3 linguri. zahăr brun deschis
- 2 până la 3 linguri. apa fierbinte
- 1 reteta gelato di crema

INSTRUCȚIUNI:
a) Gătiți kumquats într-o tigaie mică cu rom, zahăr brun și apă fierbinte. Lăsați-le să clocotească ușor până devin aurii și însiropat. Se ia de pe foc. Pune deoparte 2 linguri de fructe în sirop dacă vrei să decorezi gelato-ul cu el. Misto.
b) Pregătiți gelato-ul de bază și adăugați fructele răcite înainte de a le amesteca. Acest amestec va dura doar aproximativ jumătate din timpul obișnuit de congelare.
c) Acoperiți cu fructele rezervate la servire.
d) Această înghețată poate fi păstrată până la 1 lună la congelator. Nu uitați să-l scoateți cu 15 minute înainte de a-l servi pentru a-l lăsa să se înmoaie ușor.

24. Gelat cu migdale Amaretto

INGREDIENTE:
- 4 căni de smântână groasă
- 5 gălbenușuri de ou
- 1 cană zahăr granulat
- 1 cană migdale zdrobite zdrobite
- 1 lingura lichior Amaretto

INSTRUCȚIUNI:
a) Se toarnă smântâna într-o cratiță și se încălzește ușor.
b) Bateți gălbenușurile și zahărul împreună până devine palid și cremos. Bateți 2 linguri de smântână fierbinte în amestecul de ouă, apoi amestecați smântâna rămasă, câte o jumătate de cană.
c) Se toarnă într-un boiler sau într-un castron pus peste o tigaie cu apă clocotită și se fierbe la foc ușor, amestecând constant timp de 15 până la 20 de minute, până când amestecul acoperă dosul unei linguri. Se răcește amestecul, apoi se răcește.
d) Turnați amestecul răcit într-un aparat de înghețată și amestecați conform instrucțiunilor producătorului. În timp ce paleta se agita, adăugați migdalele și Amaretto și congelați gelato-ul peste noapte.
e) Pune la frigider aproximativ 20 de minute înainte de servire.

25.Înghețată cu scorțișoară cu fulgi de ovăz

INGREDIENTE:
- Baza goala pentru inghetata
- 1 cană de ovăz
- 1 lingura scortisoara macinata

INSTRUCȚIUNI:
a) Pregătiți baza goală conform instrucțiunilor.
b) Într-o tigaie mică, la foc mediu, combinați ovăzul și scorțișoara. Prăjiți, amestecând regulat, timp de 10 minute, sau până când se rumenesc și sunt aromați.
c) Pentru a infuza, adăugați scorțișoara prăjită și ovăzul la bază pe măsură ce se desprind de pe aragaz și lăsați-le să se infuzeze timp de aproximativ 30 de minute. Folosind o strecurătoare plasată peste un castron; strecoare solidele, apăsând pentru a vă asigura că obțineți cât mai multă cremă aromată. S-ar putea să treacă puțină pulpă de fulgi de ovăz, dar e în regulă – este delicioasă! Rezervă solidele din fulgi de ovăz pentru rețeta de fulgi de ovăz!
d) Păstrați amestecul în frigider peste noapte. Când sunteți gata să faceți înghețata, amestecați-o din nou cu un blender de imersie până când este omogenă și cremoasă.
e) Se toarnă într-un aparat de înghețată și se congelează conform instrucțiunilor producătorului. Păstrați într-un recipient ermetic și congelați peste noapte.

26. Gelat dublu de ciocolată

INGREDIENTE:
- ½ cană smântână groasă
- 2 cani de lapte
- ¾ cană zahăr
- ¼ lingurita sare
- 7 uncii de ciocolată neagră de înaltă calitate
- 1 lingurita extract de vanilie
- Unt de cocos

INSTRUCȚIUNI:
a) Primul pas se face topind ciocolata, apoi racind-o putin. Puneți laptele, smântâna și untul într-un castron și amestecați-le până se omogenizează bine.
b) Se amestecă zahărul folosind un tel și sare. Continuați să bateți timp de aproximativ 4 minute până când zahărul și sarea se dizolvă. Apoi amestecați extractul de vanilie.
c) La final, amestecați ciocolata până se omogenizează bine. Turnați ingredientele în aparatul de înghețată și lăsați-l să se amestece timp de 25 de minute.
d) Pune gelato-ul intr-un recipient ermetic si pune-l la congelator pana la 2 ore, pana se ajunge la consistenta dorita.

27. Gelat Cirese-Capsuni

INGREDIENTE:
- ½ cană smântână groasă
- 2 cani de lapte
- ¾ cană zahăr
- Unt de cocos
- 1 cană căpșuni feliate
- 1 lingura extract de vanilie

INSTRUCȚIUNI:

a) Folosind un blender, piureați bine căpșunile. Puneți laptele, smântâna și untul într-un castron și amestecați-le până se omogenizează bine. Se amestecă zahărul cu ajutorul unui tel.

b) Continuați să bateți timp de aproximativ 4 minute până când zahărul se dizolvă. Apoi amestecați extractul de vanilie și piureul de căpșuni.

c) Turnați ingredientele în aparatul de înghețată și lăsați-l să se amestece timp de 25 de minute.

d) Pune gelato-ul intr-un recipient ermetic si pune-l la congelator pana la 2 ore, pana se ajunge la consistenta dorita.

28. Gelat De Lime Cu Seminte De Chia

INGREDIENTE:
- Coaja rasa si zeama a 4 lime
- ¾ cană zahăr
- cupe jumatate si jumatate
- gălbenușuri mari
- 1¼ cană de smântână groasă
- ⅔ cană semințe de chia

INSTRUCȚIUNI:
a) Intr-un robot de bucatarie, pulseaza coaja de lime si zaharul de aproximativ 5 ori pentru a extrage uleiurile din coaja. Transferați zahărul de lămâie într-un bol.
b) Umpleți parțial un castron mare cu gheață și apă, puneți un castron mediu în apă cu gheață și puneți o strecurătoare cu ochiuri fine deasupra.
c) Într-o cratiță, combinați ½ cană de zahăr de lămâie și jumatatea și jumătate. Aduceți la fiert la foc mediu, amestecând pentru a dizolva zahărul.
d) Între timp, adăugați gălbenușurile la zahărul de lămâie rămas în bol și amestecați pentru a se combina.
e) Pune treptat aproximativ jumătate din amestecul fierbinte de jumătate și jumătate în gălbenușuri în timp ce amestecăm continuu, apoi amestecați acest amestec în jumătatea și jumătate din cratiță.
f) Gatiti, amestecand continuu, pana cand crema este suficient de groasa pentru a acoperi spatele lingurii, aproximativ 5 minute.
g) Turnați crema prin strecurătoare în bolul pregătit și amestecați până se răcește.
h) Se amestecă sucul de lămâie, smântâna și semințele de chia. Scoateți vasul din baia de gheață, acoperiți și lăsați-l la frigider până când crema se răcește, cel puțin 2 ore sau până la 4 ore.
i) Congelați și amestecați într-un aparat de înghețată conform instrucțiunilor producătorului. Pentru o consistență moale, serviți imediat înghețata; pentru o consistență mai fermă, transferați-l într-un recipient, acoperiți-l și lăsați-l să se întărească la congelator timp de 2 până la 3 ore.

29. Gelato Toblerone

INGREDIENTE:
- 24 uncii lapte integral
- 2,7 uncii de zahăr brun
- 3 linguri amidon de porumb
- 2 linguri pudră de cacao
- 1 ½ linguriță miere
- ¾ linguriță sare kosher
- 2 uncii cremă de brânză moale
- Trei batoane de 3,5 uncii de Toblerone închis, tocate
- 1 lingura de vanilie
- 1 ½ linguriță Amaretto
- 1 bar Toblerone, tocat în bucăți mici

INSTRUCȚIUNI:
a) Într-o cratiță cu fundul greu, amestecați laptele, zahărul, amidonul de porumb, pudra de cacao, mierea și sarea. Se încălzește la foc mediu spre mediu-mare, amestecând constant, până când amestecul ajunge la fierbere.

b) Lăsați baza să fiarbă 10-15 secunde, apoi turnați într-un bol cu crema de brânză și 3 batoane de Toblerone tocat. Adăugați vanilia și amaretto și lăsați să stea un minut pentru a se topi brânza și ciocolata.

c) Bateți baza până când ciocolata și brânza se topesc. Baza va avea bucăți mici de migdale în ea.

d) Turnați baza în blender și amestecați până la omogenizare.

e) Se strecoară baza într-un vas de metal așezat într-un vas mai mare umplut cu apă cu gheață.

f) Amestecați ocazional până când temperatura nu depășește 40F.

g) Turnați baza conform instrucțiunilor producătorului. Când înghețata este la consistență moale, serviți. se adauga ultima baton de ciocolata tocata marunt si se amesteca inca 2 minute pana cand bomboana este distribuita uniform.

h) Ambalați într-un recipient. Apăsați folie de plastic direct pe suprafața înghețatei și congelați timp de 4-6 ore sau peste noapte.

30. Gelat cu ciocolata Nutella

INGREDIENTE:
- ⅓ cană smântână groasă
- 1 ⅓ cani 2 % lapte
- ½ cană zahăr granulat
- 2 linguri Nutella
- 2-3 linguri mini chipsuri de ciocolată neagră

INSTRUCȚIUNI:
a) Într-un castron mediu spre mare, adăugați smântâna, laptele și zahărul bateți la viteză medie timp de 20 de secunde, apoi turnați în aparatul pentru gelato.
b) Când gelato este aproape gata se adaugă Nutella și fulgi de ciocolată și se continuă cu aparatul de înghețată până când se obține cremitatea dorită.

31.Gelat cu cireșe

INGREDIENTE:
- 2 cani de lapte integral
- 5 gălbenușuri de ou
- 1 cană de zahăr
- 1 cană de smântână groasă
- 1 lingurita de vanilie
- 2 lingurite de portocala rasa
- 1 kg de cireșe fără sâmburi

INSTRUCȚIUNI:
a) Bateți gălbenușurile și zahărul într-o cratiță medie și încălziți până se dizolvă zahărul. Adăugați laptele, portocala rasă și smântâna și amestecați până se omogenizează.
b) Gatiti la foc mediu, amestecand constant timp de 8-10 minute pana se ingroasa.
c) Se ia de pe foc.
d) Adăugați cireșele și procesați bine într-un robot de bucătărie. Se amestecă cireșele și vanilia. Se toarnă printr-o strecurătoare fină într-un bol de plastic. Acoperiți și lăsați la frigider peste noapte.
e) Pune amestecul printr-un aparat de înghețată urmând instrucțiunile producătorului.
f) Congelați până când este gata de servire.

32. Gelat de mure

INGREDIENTE:
- 2 cani de lapte integral
- 4 gălbenușuri de ou
- 1 cană de zahăr
- ½ cană de smântână groasă
- ½ lingurita sare
- 2 căni de mure

INSTRUCȚIUNI:
a) Pune murele printr-o sită cu ochiuri fine, pusă peste un bol de mixare. Folosiți dosul unei linguri pentru a împinge pulpa prin sită pentru a îndeparta sucul și pulpa fără a folosi niciunul dintre seminte. Pus deoparte.
b) Bateți gălbenușurile și zahărul într-o cratiță medie și încălziți până se dizolvă zahărul. Adăugați laptele, sarea și smântâna și amestecați până se omogenizează.
c) Gatiti la foc mediu, amestecand constant timp de 8-10 minute pana se ingroasa.
d) Se ia de pe foc.
e) Se amestecă sucul și pulpa de mure. Se toarnă printr-o strecurătoare fină într-un bol de plastic. Acoperiți și lăsați la frigider peste noapte.
f) Pune amestecul printr-un aparat de înghețată urmând instrucțiunile producătorului.
g) Congelați până când este gata de servire.

33. Gelat cu zmeura

INGREDIENTE:
- 2 cani de lapte integral
- 4 gălbenușuri de ou
- 1 ¼ cană de zahăr
- 1 cană de smântână groasă
- 1 lingurita sare
- 2 căni de zmeură

INSTRUCȚIUNI:
a) Pune zmeura printr-o sita (de preferinta plasa) pusa peste un bol de mixare. Apoi, pulpa printr-o strecurătoare pentru a îndepărta sucul luând dosul unei linguri și apăsând-o. Acest lucru va lăsa pulpa fără a folosi niciuna dintre semințe. Pus deoparte.
b) Într-o cratiță medie, amestecați numai gălbenușurile și zahărul amestecându-le și topește zahărul supraîncălzit până se dizolvă bine. Adăugați laptele, sarea și smântâna și amestecați până se omogenizează.
c) Gatiti la foc mediu, amestecand constant timp de 8-10 minute pana se ingroasa.
d) Se ia de pe foc.
e) Se amestecă sucul și pulpa de zmeură. Se toarnă printr-o strecurătoare fină într-un bol de plastic. Acoperiți și lăsați la frigider peste noapte.
f) Pune amestecul printr-un aparat de înghețată urmând instrucțiunile producătorului.
g) Congelați până când este gata de servire.

34.Gelat cu afine

INGREDIENTE:
- 2 cani de lapte integral
- 5 gălbenușuri de ou
- 1 cană de zahăr
- ½ cană de smântână groasă
- 1 lingurita sare
- 2 căni de afine
- 1 ½ linguriță suc de lămâie

INSTRUCȚIUNI:
a) Bateți gălbenușurile și zahărul într-o cratiță medie și încălziți până se dizolvă zahărul. Adăugați laptele, sarea și smântâna și amestecați până se omogenizează.
b) Gatiti la foc mediu, amestecand constant timp de 8-10 minute pana se ingroasa.
c) Se ia de pe foc.
d) Puneti afinele si sucul de lamaie in robotul de bucatarie si procesati pana se omogenizeaza. Se amestecă amestecul de afine lămâie în lichid. Se toarnă printr-o strecurătoare fină într-un bol de plastic. Acoperiți și lăsați la frigider peste noapte.
e) Pune amestecul printr-un aparat de înghețată urmând instrucțiunile producătorului.
f) Congelați până când este gata de servire.

35. Gelat de mango

INGREDIENTE:
- 2 cani de lapte integral
- 4 gălbenușuri de ou
- 1 cană de zahăr
- 1 cană de smântână groasă
- 1 lingurita sare
- 2 cani de piure de mango
- 1 ½ lingură amidon de porumb

INSTRUCȚIUNI:
a) Bateți gălbenușurile și zahărul într-o cratiță medie și încălziți până se dizolvă zahărul. Adăugați laptele, sarea și smântâna și amestecați până se omogenizează.
b) Gatiti la foc mediu, amestecand constant timp de 8-10 minute pana se ingroasa.
c) Se ia de pe foc.
d) Puneți mango și amidonul de porumb în robotul de bucătărie și procesați până se omogenizează. Se amestecă amestecul de mango în lichid. Se toarnă printr-o strecurătoare fină într-un bol de plastic. Acoperiți și lăsați la frigider peste noapte.
e) Pune amestecul printr-un aparat de înghețată urmând instrucțiunile producătorului.
f) Congelați până când este gata de servire.

36.Gelat cu unt de arahide

INGREDIENTE:
- 2 cani de lapte integral
- 5 gălbenușuri de ou
- ⅔ cană de zahăr
- 1 ½ cană de smântână groasă
- 1 lingurita sare
- 1 lingurita de vanilie
- ⅔ cană de unt de arahide

INSTRUCȚIUNI:
a) Bateți gălbenușurile și zahărul într-o cratiță medie și încălziți până se dizolvă zahărul. Adăugați laptele, sarea și smântâna și amestecați până se omogenizează.
b) Gatiti la foc mediu, amestecand constant timp de 8-10 minute pana se ingroasa.
c) Se ia de pe foc.
d) Se amestecă untul de arahide și vanilia în lichid. Se toarnă printr-o strecurătoare fină într-un bol de plastic. Acoperiți și lăsați la frigider peste noapte.
e) Pune amestecul printr-un aparat de înghețată urmând instrucțiunile producătorului.
f) Congelați până când este gata de servire.

37.Gelat cu alune

INGREDIENTE:
- 2 cani de lapte integral
- 5 gălbenușuri de ou
- ⅓ cană de zahăr
- 1 ½ cană de smântână groasă
- 1 lingurita sare
- 1 lingurita de vanilie
- 1 cană de alune prăjite

INSTRUCȚIUNI:
a) Bateți gălbenușurile și zahărul într-o cratiță medie și încălziți până se dizolvă zahărul. Adăugați laptele, sarea și smântâna și amestecați până se omogenizează.
b) Gatiti la foc mediu, amestecand constant timp de 8-10 minute pana se ingroasa.
c) Se ia de pe foc.
d) Puneți alunele prăjite într-un robot de bucătărie și pulsați. Se amestecă alunele și vanilia în lichid. Se toarnă printr-o strecurătoare fină într-un bol de plastic. Acoperiți și lăsați la frigider peste noapte.
e) Pune amestecul printr-un aparat de înghețată urmând instrucțiunile producătorului.
f) Congelați până când este gata de servire.

38. Gelat mixt de fructe de pădure

INGREDIENTE:
- 2 cani de lapte integral
- 4 gălbenușuri de ou
- ½ cană de zahăr
- 1 cană de smântână groasă
- 1 lingurita sare
- 1 lingurita de vanilie
- ½ cană de afine
- ½ cană de zmeură

INSTRUCȚIUNI:
a) Pune zmeura printr-o sita (de preferinta plasa) pusa peste un bol de mixare. Folosiți dosul unei linguri pentru a împinge pulpa prin sită pentru a îndepărta sucul și pulpa fără a folosi niciunul dintre semințe. Pus deoparte.
b) Bateți gălbenușurile și zahărul într-o cratiță medie și încălziți până se dizolvă zahărul. Adăugați laptele, sarea și smântâna și amestecați până se omogenizează.
c) Gatiti la foc mediu, amestecand constant timp de 8-10 minute pana se ingroasa.
d) Se ia de pe foc.
e) Puneți vanilia, afinele și sucul și pulpa de zmeură într-un robot de bucătărie și amestecați până se combină. Amestecați amestecul de fructe de pădure și vanilie în lichid. Se toarnă printr-o strecurătoare fină într-un bol de plastic. Acoperiți și lăsați la frigider peste noapte.
f) Pune amestecul printr-un aparat de înghețată urmând instrucțiunile producătorului.
g) Congelați până când este gata de servire.

39. Gelat de cocos

INGREDIENTE:
- 5 gălbenușuri de ou
- 2 căni de lapte de cocos
- 1 cană de zahăr
- 1 cană de smântână groasă
- 1 lingurita sare
- 1 lingurita de vanilie
- apă de cocos dintr-o nucă de cocos proaspătă
- ½ cană de nucă de cocos îndulcită mărunțită

INSTRUCȚIUNI:
a) Bateți gălbenușurile, apa de cocos din nuca de cocos proaspătă și zahărul într-o cratiță medie și încălziți până se dizolvă zahărul. Adăugați laptele de cocos, sarea și smântâna și amestecați până se omogenizează.
b) Gatiti la foc mediu, amestecand constant timp de 8-10 minute pana se ingroasa.
c) Se ia de pe foc.
d) Se amestecă fulgii de cocos și amestecul de vanilie în lichid. Se toarnă printr-o strecurătoare fină într-un bol de plastic. Acoperiți și lăsați la frigider peste noapte.
e) Pune amestecul printr-un aparat de înghețată urmând instrucțiunile producătorului.
f) Congelați până când este gata de servire.

40. Gelat de dovleac

INGREDIENTE:
- 2 cani de lapte integral
- 4 gălbenușuri de ou
- 1 cană de zahăr
- 1 cană de smântână groasă
- 1 lingurita sare
- 1 lingurita de vanilie
- 1 cană de piure de dovleac
- 1 lingurita scortisoara
- ¼ cană de zahăr brun

INSTRUCȚIUNI:
a) Bateți gălbenușurile și zahărul într-o cratiță medie și încălziți până se dizolvă zahărul. Adăugați laptele, sarea și smântâna și amestecați până se omogenizează.
b) Gatiti la foc mediu, amestecand constant timp de 8-10 minute pana se ingroasa.
c) Se ia de pe foc.
d) Se amestecă zahărul brun, scorțișoara, piureul de dovleac și vanilia, apoi se amestecă în lichid. Se toarnă printr-o strecurătoare fină într-un bol de plastic. Acoperiți și lăsați la frigider peste noapte.
e) Pune amestecul printr-un aparat de înghețată urmând instrucțiunile producătorului.
f) Congelați până când este gata de servire.

41. Gelat cu ananas și nucă de cocos

INGREDIENTE:
- 2 căni de lapte de cocos
- 5 gălbenușuri de ou
- 1 cană de zahăr
- 1 cană de smântână groasă
- 1 lingurita sare
- 1 lingurita de vanilie
- 1 – 20 uncii cutie de ananas zdrobit - nu scurgeți!
- ½ cană de nucă de cocos măruntită și îndulcită

INSTRUCȚIUNI:
a) Bateți gălbenușurile și zahărul într-o cratiță medie și încălziți pană se dizolvă zahărul. Adăugați laptele de cocos, sarea și smântâna și amestecați până se omogenizează.
b) Gatiti la foc mediu, amestecand constant timp de 8-10 minute pana se ingroasa.
c) Se ia de pe foc.
d) Puneți ananasul zdrobit, sucul de ananas din cutie, vanilia și nuca de cocos măruntită într-un robot de bucătărie. Procesați până se omogenizează și amestecați în lichid. Se toarnă printr-o strecurătoare fină într-un bol de plastic. Acoperiți și lăsați la frigider peste noapte.
e) Pune amestecul printr-un aparat de înghețată urmând instrucțiunile producătorului.
f) Congelați până când este gata de servire.

42. Gelat cu limonadă

INGREDIENTE:
- 2 cani de lapte
- 5 gălbenușuri de ou
- 1 cană de zahăr
- 1 cană de smântână groasă
- 1 lingurita sare
- ¾ cană de suc de lămâie
- 3 linguri coaja de lamaie

INSTRUCȚIUNI:
a) Bateți gălbenușurile și zahărul într-o cratiță medie și încălziți până se dizolvă zahărul. Adăugați laptele, sarea și smântâna și amestecați până se omogenizează.
b) Gatiti la foc mediu, amestecand constant timp de 8-10 minute pana se ingroasa.
c) Se ia de pe foc.
d) Adăugați sucul de lămâie și coaja de lămâie în lichid. Se toarnă printr-o strecurătoare fină într-un bol de plastic. Acoperiți și lăsați la frigider peste noapte.
e) Pune amestecul printr-un aparat de înghețată urmând instrucțiunile producătorului.
f) Congelați până când este gata de servire.

43.Gelat cu avocado

INGREDIENTE:
- 2 cani de lapte
- 4 gălbenușuri de ou
- 1 cană de zahăr
- 1 cană de smântână groasă
- 1 lingurita sare
- Zest două portocale
- 2 avocado decojite și fără sâmburi
- 1 lingurita extract de vanilie

INSTRUCȚIUNI:
a) Bateți gălbenușurile și zahărul într-o cratiță medie și încălziți până se dizolvă zahărul. Adăugați laptele, sarea și smântâna și amestecați până se omogenizează.
b) Gatiti la foc mediu, amestecand constant timp de 8-10 minute pana se ingroasa.
c) Se ia de pe foc.
d) Puneți avocado, coaja de portocală și vanilia printr-un robot de bucătărie. Se procesează până la amestecare. Apoi turnați-l în lichid.
e) Se toarnă printr-o strecurătoare fină într-un bol de plastic. Acoperiți și lăsați la frigider peste noapte.
f) Pune amestecul printr-un aparat de înghețată urmând instrucțiunile producătorului.
g) Congelați până când este gata de servire.

44.Gelat de ciocolată neagră

INGREDIENTE:

- 2 cani de lapte
- 4 gălbenușuri de ou
- 1 cană de smântână groasă
- 1 cană de zahăr
- 1 lingurita sare
- 1 lingurita de vanilie
- ½ cană de pudră de cacao închisă neîndulcită
- 6 uncii de ciocolată neagră tocată fin

INSTRUCȚIUNI:

a) Bateți gălbenușurile și zahărul într-o cratiță medie și încălziți până se dizolvă zahărul. Adăugați laptele, sarea și smântâna și amestecați până se omogenizează.
b) Gatiti la foc mediu. Adauga ciocolata neagra si amesteca pana se topeste ciocolata. Continuați să gătiți, amestecând constant timp de 8 – 10 minute până se îngroașă.
c) Se ia de pe foc.
d) Se amestecă pudra de cacao și vanilia. Se toarnă printr-o strecurătoare fină într-un bol de plastic. Acoperiți și lăsați la frigider peste noapte.
e) Pune amestecul printr-un aparat de înghețată urmând instrucțiunile producătorului.
f) Congelați până când este gata de servire.

45. Gelat Caramel

INGREDIENTE:
- 2 cani de lapte integral
- ¼ cană de gălbenușuri de ou
- ¼ cană de zahăr granulat alb
- ¼ lingurita extract de vanilie
- ½ cană de sos caramel
- 1 cană de smântână groasă
- ⅛ linguriță sare

INSTRUCȚIUNI:

a) Combinați laptele întreg și smântâna groasă într-o cratiță mică și aduceți la fierbere la foc mediu. Opriți focul corect când fierbe și scoateți tigaia de pe plita încinsă.

b) Adăugați sosul de caramel la amestecul de lapte și amestecați pentru a se combina.

c) În timp ce așteptați ca amestecul de smântână și lapte să fiarbă, amestecați gălbenușurile și zahărul până devin palide și spumoase. Poate doriți să utilizați un mixer electric pentru a face acest pas, deoarece va trebui să bateți un timp!

d) În timp ce bateți gălbenușurile, turnați încet amestecul de lapte fierbinte în gălbenușuri, amestecând încontinuu și turnând, astfel încât să nu gătiți accidental ouăle cu căldura din lapte.

e) Adăugați amestecul de lapte și ou înapoi în cratiță și întoarceți-l pe aragaz, gătind la foc mic, până când amestecul este suficient de gros pentru a acoperi spatele unei linguri. dar în timp ce faci asta trebuie să te asiguri că amesteci în continuare. Nu lăsați laptele să fiarbă și dacă vedeți că în amestec începe să se formeze cocoloașe, luați amestecul de pe foc și treceți-l printr-o strecurătoare.

f) Lăsați amestecul de gelato să se răcească la frigider, acoperit complet, timp de cel puțin 4 ore sau peste noapte dacă este posibil.

g) Odată ce amestecul de gelato s-a răcit, turnați-l într-o mașină de înghețată și congelați gelato conform instrucțiunilor aparatului de înghețată. Gelato-ul va fi textura de înghețată moale de servire atunci când este făcut în mașina de înghețată. În această etapă, puneți-l într-un recipient sigur pentru congelator și puneți-l la congelator timp de cel puțin două ore. Serviți frumos și rece când sunteți gata să savurați!

46. Gelat cu alune

INGREDIENTE:
- 2 cani de lapte integral
- ¼ cană gălbenușuri de ou
- ½ cană zahăr granulat alb
- ¼ lingurita extract de vanilie
- 6 linguri pasta de alune
- 1 cană smântână groasă
- ⅛ linguriță sare

INSTRUCȚIUNI:

a) Combinați laptele întreg și smântâna groasă într-o cratiță mică și aduceți la fierbere la foc mediu. Opriți focul corect când fierbe și scoateți tigaia de pe plita încinsă.

b) Adăugați extractul de vanilie și pasta de alune și amestecați pentru a dizolva pasta.

c) În timp ce așteptați ca amestecul de smântână și lapte să fiarbă, amestecați gălbenușurile și zahărul până devin palide și spumoase. Poate doriți să utilizați un mixer electric pentru a face acest pas, deoarece va trebui să bateți un timp!

d) În timp ce bateți gălbenușurile, turnați încet amestecul de lapte fierbinte în gălbenușuri, amestecând încontinuu și turnând, astfel încât să nu gătiți accidental ouăle cu căldura din lapte.

e) Adăugați amestecul de lapte și ou înapoi în cratiță și întoarceți-l pe aragaz, gătind la foc mic până când amestecul este suficient de gros pentru a acoperi partea din spate a lingurii, dar veți dori, de asemenea, să vă asigurați că amestecați constant amestecul. Nu lăsați laptele să fiarbă și dacă vedeți că în amestec începe să se formeze cocoloașe, luați amestecul de pe foc și treceți-l printr-o strecurătoare.

f) Lăsați amestecul de gelato să se răcească la frigider, acoperit complet, timp de cel puțin 4 ore sau peste noapte dacă este posibil.

g) Odată ce amestecul de gelato s-a răcit, turnați-l într-o mașină de înghețată și congelați gelato conform instrucțiunilor aparatului de înghețată. Gelato-ul va fi textura de înghețată moale de servire atunci când este făcut în mașina de înghețată. În această etapă, puneți-l într-un recipient sigur pentru congelator și puneți-l la congelator timp de cel puțin două ore. Serviți frumos și rece când sunteți gata să savurați!

47. Gelato Nutella

INGREDIENTE:
- 2 cani de lapte integral
- ¼ cană gălbenușuri de ou
- ¼ cană zahăr granulat alb
- ¼ lingurita extract de vanilie
- ½ cană Nutella
- 1 cană smântână groasă
- ⅛ linguriță sare

INSTRUCȚIUNI:

a) Combinați laptele întreg și smântâna groasă într-o cratiță mică și aduceți la fierbere la foc mediu. Opriți focul corect când fierbe și scoateți tigaia de pe plita încinsă.

b) Adăugați extractul de vanilie și Nutella și amestecați pentru a dizolva pasta.

c) În timp ce așteptați ca amestecul de smântână și lapte să fiarbă, amestecați gălbenușurile și zahărul până devin palide și spumoase. Poate doriți să utilizați un mixer electric pentru a face acest pas, deoarece va trebui să bateți un timp!

d) În timp ce bateți gălbenușurile, turnați încet amestecul de lapte fierbinte în gălbenușuri, amestecând încontinuu și turnând, astfel încât să nu gătiți accidental ouăle cu căldura din lapte.

e) Adăugați amestecul de lapte și ou înapoi în cratiță și întoarceți-l pe aragaz, gătind la foc mic până când amestecul este suficient de gros pentru a acoperi partea din spate a lingurii, dar asigurați-vă că amestecați constant. Nu lăsați laptele să fiarbă și dacă vedeți că în amestec începe să se formeze cocoloașe, luați amestecul de pe foc și treceți-l printr-o strecurătoare.

f) Lăsați amestecul de gelato să se răcească la frigider, acoperit complet, timp de cel puțin 4 ore sau peste noapte dacă este posibil.

g) Odată ce amestecul de gelato s-a răcit, turnați-l într-o mașină de înghețată și congelați gelato conform instrucțiunilor aparatului de înghețată. Gelato-ul va fi textura de înghețată moale de servire atunci când este făcut în mașina de înghețată. În această etapă, puneți-l într-un recipient sigur pentru congelator și puneți-l la congelator timp de cel puțin două ore. Serviți frumos și rece când sunteți gata să savurați!

48.Gelat de căpșuni

INGREDIENTE:
- 2 cani de lapte integral
- ¼ cană gălbenușuri de ou
- ½ cană zahăr granulat alb
- ¼ lingurita extract de vanilie
- 1 cana capsuni tocate
- 1 cană smântână groasă
- ⅛ linguriță sare

INSTRUCȚIUNI:
a) Combinați laptele întreg și smântâna groasă într-o cratiță mică și aduceți la fierbere la foc mediu. Opriți focul corect când fierbe și scoateți tigaia de pe plita încinsă.
b) Adaugam extractul de vanilie si capsunile tocate si amestecam.
c) În timp ce așteptați ca amestecul de smântână și lapte să fiarbă, amestecați gălbenușurile și zahărul până devin palide și spumoase. Poate doriți să utilizați un mixer electric pentru a face acest pas, deoarece va trebui să bateți un timp!
d) În timp ce bateți gălbenușurile, turnați încet amestecul de lapte fierbinte în gălbenușuri, amestecând încontinuu și turnând, astfel încât să nu gătiți accidental ouăle cu căldura din lapte.
e) Adăugați amestecul de lapte și ou înapoi în cratiță și întoarceți-l pe aragaz, gătind la foc mic, până când amestecul este suficient de gros pentru a acoperi partea din spate a lingurii, dar asigurați-vă că amestecați constant. Nu lăsați laptele să fiarbă și dacă vedeți că în amestec începe să se formeze cocoloașe, luați amestecul de pe foc și treceți-l printr-o strecurătoare.
f) Lăsați amestecul de gelato să se răcească la frigider, acoperit complet, timp de cel puțin 4 ore sau peste noapte dacă este posibil.
g) Odată ce amestecul de gelato s-a răcit, turnați-l într-o mașină de înghețată și congelați gelato conform instrucțiunilor aparatului de înghețată. Gelato-ul va fi textura de înghețată moale de servire atunci când este făcut în mașina de înghețată. În această etapă, puneți-l într-un recipient sigur pentru congelator și puneți-l la congelator timp de cel puțin două ore. Serviți frumos și rece când sunteți gata să savurați!

49.Gelat cu ciocolată

INGREDIENTE:
- 2 cani de lapte integral
- ¼ cană gălbenușuri de ou
- ½ cană zahăr granulat alb
- ¼ lingurita extract de vanilie
- 1 cană smântână groasă
- ⅛ linguriță sare
- 1 cană mini chipsuri de ciocolată

INSTRUCȚIUNI:
a) Combinați laptele întreg și smântâna groasă într-o cratiță mică și aduceți la fierbere la foc mediu. Opriți focul corect când fierbe și scoateți tigaia de pe plita încinsă.
b) Adăugați extractul de vanilie.
c) În timp ce așteptați ca amestecul de smântână și lapte să fiarbă, amestecați gălbenușurile și zahărul până devin palide și spumoase. Poate doriți să utilizați un mixer electric pentru a face acest pas, deoarece va trebui să bateți un timp!
d) În timp ce bateți gălbenușurile, turnați încet amestecul de lapte fierbinte în gălbenușuri, amestecând încontinuu și turnând, astfel încât să nu gătiți accidental ouăle cu căldura din lapte.
e) Adăugați amestecul de lapte și ou înapoi în cratiță și întoarceți-l pe aragaz, gătind la foc mic, până când amestecul este suficient de gros pentru a acoperi spatele unei linguri și asigurați-vă că amestecați în continuare. Nu lăsați laptele să fiarbă și dacă vedeți că în amestec începe să se formeze cocoloașe, luați amestecul de pe foc și treceți-l printr-o strecurătoare.
f) Lăsați amestecul de gelato să se răcească la frigider, acoperit complet, timp de cel puțin 4 ore sau peste noapte dacă este posibil.
g) Odată ce amestecul de gelato s-a răcit, turnați-l într-o mașină de înghețată și congelați gelato conform instrucțiunilor aparatului de înghețată. Gelato-ul va fi textura de înghețată moale de servire atunci când este făcut în mașina de înghețată.
h) Incorporati mini-chipsurile de ciocolata, amestecand putin pentru a nu se topi gelato-ul.
i) În această etapă, puneți-l într-un recipient sigur pentru congelator și puneți-l la congelator timp de cel puțin două ore. Serviți frumos și rece când sunteți gata să savurați!

50. Gelat Cannoli

INGREDIENTE:
- 2 cani de lapte integral
- ¼ cană gălbenușuri de ou
- ½ cană zahăr granulat alb
- ¼ lingurita extract de vanilie
- ½ cană smântână groasă
- ½ cană de ricotta
- ⅛ linguriță sare
- ½ cană de coji de cannoli zdrobite
- ½ cană mini chipsuri de ciocolată

INSTRUCȚIUNI:

a) Combinați laptele întreg și smântâna groasă într-o cratiță mică și aduceți la fierbere la foc mediu. Opriți focul corect când fierbe și scoateți tigaia de pe plita încinsă.

b) Adăugați extractul de vanilie.

c) În timp ce așteptați ca amestecul de smântână și lapte să fiarbă, amestecați gălbenușurile și zahărul până devin palide și spumoase. Poate doriți să utilizați un mixer electric pentru a face acest pas, deoarece va trebui să bateți un timp!

d) În timp ce bateți gălbenușurile, turnați încet amestecul de lapte fierbinte în gălbenușuri, amestecând încontinuu și turnând, astfel încât să nu gătiți accidental ouăle cu căldura din lapte.

e) Adăugați amestecul de lapte și ouă înapoi în cratiță și întoarceți-l pe aragaz, gătind la foc mic, până când amestecul este suficient de gros pentru a acoperi spatele unei linguri și asigurați-vă că amestecați în continuare. Nu lăsați laptele să fiarbă și dacă vedeți că în amestec începe să se formeze cocoloașe, luați amestecul de pe foc și treceți-l printr-o strecurătoare.

f) Amesteca ricotta pana se omogenizeaza bine.

g) Lăsați amestecul de gelato să se răcească la frigider, acoperit complet, timp de cel puțin 4 ore sau peste noapte dacă este posibil.

h) Odată ce amestecul de gelato s-a răcit, turnați-l într-o mașină de înghețată și congelați gelato conform instrucțiunilor aparatului de înghețată. Gelato-ul va fi textura de înghețată moale de servire atunci când este făcut în mașina de înghețată.

i) Încorporați cojile de cannoli zdrobite și mini-chipsurile de ciocolată și scoateți-le într-un recipient sigur pentru congelator și puneți-le la congelator timp de cel puțin două ore. Serviți frumos și rece când sunteți gata să savurați!

51.Gelat cu vișine

INGREDIENTE:
- 2 cani de lapte integral
- ¼ cană gălbenușuri de ou
- ½ cană zahăr granulat alb
- ¼ lingurita extract de vanilie
- 1 cană smântână groasă
- ⅛ linguriță sare
- 1 cană vișine mărunțite

INSTRUCȚIUNI:

a) Combinați laptele întreg și smântâna groasă într-o cratiță mică și aduceți la fierbere la foc mediu. Opriți focul corect când fierbe și scoateți tigaia de pe plita încinsă.

b) Adăugați extractul de vanilie.

c) În timp ce așteptați ca amestecul de smântână și lapte să fiarbă, amestecați gălbenușurile și zahărul până devin palide și spumoase. Poate doriți să utilizați un mixer electric pentru a face acest pas, deoarece va trebui să bateți un timp!

d) În timp ce bateți gălbenușurile, turnați încet amestecul de lapte fierbinte în gălbenușuri, amestecând încontinuu și turnând, astfel încât să nu gătiți accidental ouăle cu căldura din lapte.

e) Adăugați amestecul de lapte și ouă înapoi în cratiță și întoarceți-l pe aragaz, gătind la foc mic, până când amestecul este suficient de gros pentru a acoperi spatele unei linguri și asigurați-vă că amestecați în continuare. Nu lăsați laptele să fiarbă și dacă vedeți că în amestec începe să se formeze cocoloașe, luați amestecul de pe foc și treceți-l printr-o strecurătoare.

f) Lăsați amestecul de gelato să se răcească la frigider, acoperit complet, timp de cel puțin 4 ore sau peste noapte dacă este posibil.

g) Odată ce amestecul de gelato s-a răcit, turnați-l într-o mașină de înghețată și congelați gelato conform instrucțiunilor aparatului de înghețată. Gelato-ul va fi textura de înghețată moale de servire atunci când este făcut în mașina de înghețată.

h) Încorporați vișinele pentru scurt timp, doar pentru a le amesteca, dar aveți grijă să nu se topească înghețata.

i) Puneți-l într-un recipient sigur pentru congelator și puneți-l la congelator timp de cel puțin două ore. Serviți frumos și rece când sunteți gata să savurați!

52.Gelat de ciocolată picant

INGREDIENTE:
- 2 cani de lapte integral
- 1 ardei iute, tăiat în jumătate cu semințele îndepărtate
- ¼ cană gălbenușuri de ou
- ¾ cană zahăr granulat alb
- ¼ lingurita extract de vanilie
- 1 cană smântână groasă
- 1 cană chipsuri de ciocolată neagră
- ⅛ linguriță sare

INSTRUCȚIUNI:

a) Combinați laptele întreg, ardeiul iute întreg și smântâna groasă într-o cratiță mică și aduceți la fierbere la foc mediu. Opriți focul corect când fierbe și scoateți tigaia de pe plita încinsă. Lăsați amestecul să stea timp de 30 de minute, apoi îndepărtați ardeiul iute și aruncați-l.

b) Adăugați extractul de vanilie și amestecați.

c) În timp ce așteptați ca amestecul de smântână și lapte să fiarbă, amestecați gălbenușurile și zahărul până devin palide și spumoase. Poate doriți să utilizați un mixer electric pentru a face acest pas, deoarece va trebui să bateți un timp!

d) În timp ce bateți gălbenușurile, turnați încet amestecul de lapte fierbinte în gălbenușuri, amestecând constant și turnând, pentru a nu găti accidental ouăle cu căldura din lapte.

e) Adăugați amestecul de lapte și ouă înapoi în cratiță și întoarceți-l pe aragaz, gătind la foc mic, amestecând constant, până când amestecul este suficient de gros pentru a acoperi spatele unei linguri.

f) Se toarnă amestecul fierbinte peste fulgii de ciocolată și se bate până când ciocolata se topește și se omogenizează în baza de gelato.

g) Lăsați amestecul de gelato să se răcească la frigider, acoperit complet, timp de cel puțin 4 ore sau peste noapte dacă este posibil.

h) Odată ce amestecul de gelato s-a răcit, turnați-l într-o mașină de înghețată și congelați gelato conform instrucțiunilor aparatului de înghețată. Gelato-ul va fi textura de înghețată moale de servire atunci când este făcut în mașina de înghețată. În această etapă, puneți-l într-un recipient sigur pentru congelator și puneți-l la congelator timp de cel puțin două ore. Serviți frumos și rece când sunteți gata să savurați!

SUNDAES

53. Knickerbocker Glory

INGREDIENTE:
- căpșuni proaspete și cireșe
- 2 linguri de inghetata de vanilie
- 6 până la 8 linguri jeleu de fructe
- sos de capsuni sau zmeura
- 2 linguri de inghetata de capsuni
- 1/2 cană smântână groasă, bătută
- migdale feliate prajite

INSTRUCȚIUNI:
a) Aranjați puțin fructe proaspete în baza a două pahare de sundae răcite. Adaugati o lingura de inghetata de vanilie, apoi niste jeleu de fructe si putin sos de fructe.
b) Apoi adăugați înghețată de căpșuni, apoi mai mult sos de fructe. Acum acoperiți cu frișcă, fructe proaspete și nuci, urmate de mai mult sos și câteva nuci.
c) Reveniți la congelator pentru cel mult 30 de minute sau mâncați imediat. Acestea nu sunt pentru păstrare, așa că pregătiți-vă după cum este necesar.
d) Este o idee bună să aveți o selecție de **ingrediente potrivite** gata înainte de a începe, precum și pahare bine răcite.

54. Piersica Melba

INGREDIENTE:
- 4 piersici mari coapte, decojite
- coaja rasa fin si zeama de la 1 lamaie
- 3 linguri de masă zahăr de cofetar
- 8 linguri de inghetata de vanilie

PENTRU SOS MELBA
- 1 1/2 cani de zmeura coapta
- 2 linguri jeleu de coacaze rosii
- 2 linguri de zahăr superfin

INSTRUCȚIUNI:
a) Tăiați piersicile în jumătate și îndepărtați sâmburele. Împachetați strâns jumătățile de piersici într-un vas rezistent la cuptor și ungeți-le cu suc de lămâie. Stropiți generos cu zahăr de cofetă. Pune vasul sub un grill preîncălzit timp de 5 până la 7 minute sau până când devine auriu și clocotește. Lasa sa se raceasca.

b) Pentru a face sosul, încălziți zmeura cu jeleu și zahăr, apoi presați-le printr-o sită. Lasa sa se raceasca.

c) Aranjați piersicile pe un platou de servire cu 1 sau 2 linguri de înghețată. Stropiți cu sos melba și terminați cu bucăți de coajă de lămâie.

55.Sundae cu nuci de ciocolată

INGREDIENTE:
- 1 lingură de înghețată bogată de ciocolată
- 1 lingură de înghețată cu nuci pecan
- 2 linguri sos de ciocolata
- 2 linguri amestecuri de nuci prajite
- fulgi, bucle sau stropi de ciocolată

INSTRUCȚIUNI:
a) Aranjați cele două linguri de înghețată într-un vas de sundae răcit.
b) Stropiți cu sos de ciocolată și apoi stropiți cu nuci și ciocolată.

SORBET

56.Sorbet mixt de fructe de padure

INGREDIENTE:
- 3 cani de fructe de padure amestecate
- 1 cană zahăr
- 2 căni de apă
- Suc de 1 lime
- ½ lingurita sare kosher

INSTRUCȚIUNI:
a) Într-un castron, amestecați toate fructele de pădure și zahărul. Lăsați fructele de pădure să macereze la temperatura camerei timp de 1 oră până când își eliberează sucul.
b) Transferați fructele de pădure și sucul lor într-un blender sau robot de bucătărie și adăugați apa, sucul de lămâie și sarea. Pulsați până se combină bine. Transferați într-un recipient, acoperiți și lăsați la frigider până la rece, cel puțin 2 ore, sau până peste noapte.
c) Congelați și amestecați într-un aparat de înghețată conform instrucțiunilor producătorului. Pentru o consistență moale, serviți sorbetul imediat; pentru o consistență mai fermă, transferați-l într-un recipient, acoperiți-l și lăsați-l să se întărească la congelator timp de 2 până la 3 ore.

57.Sorbet de căpșuni și mușețel

INGREDIENTE:
- ¾ cană apă
- ½ cană Miere
- 2 linguri muguri de ceai de musetel
- 15 căpşuni mari, congelate
- ½ linguriţă Cardamon măcinat
- 2 linguriţe frunze de mentă proaspătă

INSTRUCŢIUNI:
a) Aduceţi apa la fiert şi adăugaţi miere, cardamom şi muşeţel.
b) Se ia de pe foc după 5 minute şi se da la rece până se răceşte foarte bine.
c) Puneţi căpşunile congelate într-un robot de bucătărie şi tocaţi-le mărunt.
d) Adăugaţi siropul răcit şi amestecaţi până se omogenizează.
e) Scoateţi cu lingura şi păstraţi într-un recipient la congelator. Se serveste cu frunze de menta.

58. Sorbet de căpșuni, ananas și portocale

INGREDIENTE:
- 1¼ de kilograme de căpșuni, decojite și tăiate în sferturi
- 1 cană zahăr
- 1 cană de ananas tăiat cubulețe
- ½ cană suc de portocale proaspăt stors
- Suc de 1 lime mică
- ½ lingurita sare kosher

INSTRUCȚIUNI:
a) Într-un castron, amestecați căpșunile și zahărul.
b) Lăsați fructele de pădure să macereze la temperatura camerei până când își eliberează sucul, aproximativ 30 de minute.
c) Într-un blender sau robot de bucătărie, combinați căpșunile și sucul lor cu ananasul, sucul de portocale, sucul de lămâie și sarea. Se face piure până la omogenizare.
d) Turnați amestecul într-un castron (dacă preferați un sorbet perfect neted, turnați amestecul printr-o strecurătoare cu plasă fină pusă peste bol), acoperiți și lăsați-l la rece, cel puțin 2 ore sau până peste noapte.
e) Congelați și amestecați într-un aparat de înghețată conform instrucțiunilor producătorului.
f) Pentru o consistență moale, serviți sorbetul imediat; pentru o consistență mai fermă, transferați-l într-un recipient, acoperiți-l și lăsați-l să se întărească la congelator timp de 2 până la 3 ore.

59.Sorbet banane-capsuni

INGREDIENTE:
- 2 banane coapte
- 2 linguri suc de lamaie
- 1½ cani de capsuni congelate (neindulcite).
- ½ cană suc de mere

INSTRUCȚIUNI:
a) Tăiați bananele în felii de un sfert de inch, ungeți-le cu suc de lămâie, așezați-le pe o foaie de prăjituri și congelați-le.
b) După ce bananele sunt înghețate, faceți-le piure cu ingredientele rămase în aparatul ales.
c) Serviți imediat în cupe răcite. Resturile nu se îngheață bine, dar fac o aromă plăcută pentru iaurtul de casă.

60.Sorbet de zmeura

INGREDIENTE:
- 4 uncii de zahăr granulat
- 1 kilogram de zmeură proaspătă, decongelată dacă este congelată
- 1 lămâie

INSTRUCȚIUNI:
a) Puneți zahărul într-o cratiță și adăugați 150 ml/¼ litru de apă. Se încălzește ușor, amestecând, până când zahărul s-a dizolvat. Se mărește focul și se fierbe rapid aproximativ 5 minute până când amestecul arată siropos.
b) Se ia de pe foc si se lasa la racit.
c) Între timp, puneți zmeura într-un robot de bucătărie sau într-un blender și pasați-o în piure până la omogenizare. Treceți amestecul printr-o sită nemetalic pentru a îndepărta semințele.
d) Stoarceți sucul de la lămâie.
e) Puneți siropul într-o cană mare și adăugați piureul de zmeură și sucul de lămâie.
f) Acoperiți și lăsați la frigider pentru aproximativ 30 de minute sau până când se răcește bine.
g) Introduceți amestecul în mașina de înghețată și congelați conform instrucțiunilor.

61.Sorbet de căpșuni Tristar

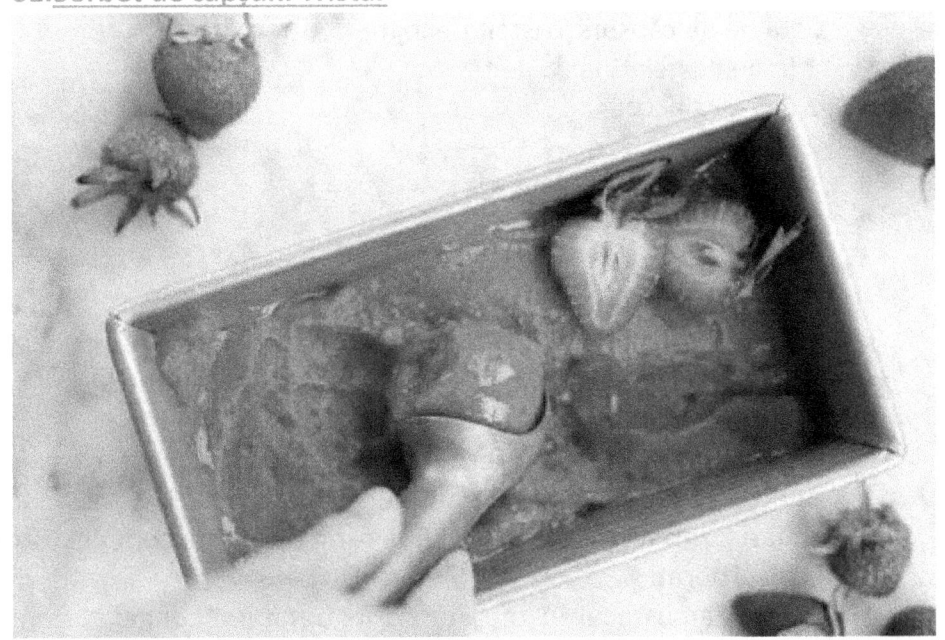

INGREDIENTE:
- 2 halbe de căpșuni Tristar, decojite
- 1 foaie de gelatină
- 2 linguri glucoza
- 2 linguri de zahar
- ⅛ linguriță sare cușer
- ⅛ linguriță acid citric

INSTRUCȚIUNI:
a) Puneți căpșunile într-un blender. Strecurați piureul printr-o sită cu ochiuri fine într-un castron pentru a strecura sâmburi.
b) Infloreste gelatina.
c) Se încălzește puțin piureul de căpșuni și se amestecă gelatina pentru a se dizolva. Adăugați piureul de căpșuni rămas, glucoza, zahărul, sarea și acidul citric până când totul este complet dizolvat și încorporat.
d) Turnați amestecul în mașina de înghețată și congelați conform instrucțiunilor producătorului. Cel mai bine se toarnă sorbetul chiar înainte de servire sau utilizare, dar se va păstra într-un recipient ermetic la congelator timp de până la 2 săptămâni.

62.Sorbete De Jamaica

INGREDIENTE:
- 2½ căni de frunze uscate de Jamaica
- 1 litru de apă
- ½ uncie de ghimbir proaspăt, tocat fin 1 cană de zahăr
- 1 lingura suc de lamaie proaspat stors
- 2 linguri de limoncello

INSTRUCȚIUNI:

a) Faceți ceaiul. Puneți frunzele de Jamaica într-o oală sau castron, aduceți apa la fiert și turnați-o peste frunze. Acoperiți și lăsați la macerat timp de 15 minute. Strecurați ceaiul și aruncați frunzele de Jamaica.

b) Faceți baza de sorbet. Pune ghimbirul într-un blender, adaugă 1 ceașcă de ceai și amestecă până se face piure complet, 1-2 minute. Adăugați încă 1-½ cani de ceai și amestecați din nou.

c) Turnați baza de sorbet într-o oală, adăugați zahărul și aduceți la fierbere, amestecând pentru a dizolva zahărul. Scoateți oala de pe foc imediat ce baza de sorbet dă în clocot. Se amestecă sucul de lămâie și se răcește. Pune baza la frigider până când ajunge la 60°F.

d) Congelați sorbetul. Adăugați limoncello la baza răcită și turnați-l într-un aparat de înghețată. Congelați conform instrucțiunilor producătorului până când este înghețat, dar încă nămol, 20-30 de minute.

63.Sorbet cu fructe ale pasiunii

INGREDIENTE:
- 1 lingurita gelatina pudra
- 2 lămâi
- 9 uncii de zahăr granulat
- 8 fructe ale pasiunii

INSTRUCȚIUNI:

a) Se măsoară 2 linguri de apă într-un castron sau o ceașcă mică, se presară gelatina peste și se lasă să stea 5 minute. Stoarceți sucul de la lămâi.

b) Puneți zahărul într-o cratiță și adăugați 300 ml/½ litru de apă. Se încălzește ușor, amestecând, până când zahărul s-a dizolvat. Se mărește focul și se fierbe rapid aproximativ 5 minute până când amestecul arată siropos.

c) Se ia de pe foc, se adauga zeama de lamaie apoi se amesteca gelatina pana se dizolva.

d) Înjumătățiți fructele pasiunii și, cu o lingură mică, scoateți semințele și pulpa în sirop. Se lasa la racit.

e) Acoperiți și lăsați la frigider pentru cel puțin 30 de minute sau până când se răcește bine.

f) Trece siropul racit printr-o sita nemetalica pentru a indeparta semintele.

g) Introduceți amestecul în mașina de înghețată și congelați conform instrucțiunilor.

h) Transferați într-un recipient adecvat și congelați până când este necesar.

64.Sorbet Kiwi

INGREDIENTE:
- 8 kiwi
- 1⅓ cani de sirop simplu
- 4 lingurițe de suc proaspăt de lămâie

INSTRUCȚIUNI:
a) Curățați kiwi-urile. Se face piure într-un robot de bucătărie. Ar trebui să bei aproximativ 2 căni de piure.
b) Se amestecă siropul simplu și sucul de lămâie.
c) Turnați amestecul în vasul aparatului de înghețată și congelați. Vă rugăm să urmați manualul de instrucțiuni al producătorului.

65. Sorbet de gutui

INGREDIENTE:
- 1½ kilograme de gutui coapte (aproximativ 4 mici până la mijlocii)
- 6 căni de apă
- 1 bucată (3 inchi) de scorțișoară mexicană
- ¾ cană zahăr
- Suc de ½ lămâie
- Un praf de sare cușer

INSTRUCȚIUNI:
a) Curățați gutuile, tăiați-le în sferturi și curățați de miez.
b) Puneti bucatile intr-o cratita si adaugati apa, scortisoara si zaharul.
c) Gatiti, neacoperit, la foc mediu, amestecand din cand in cand, pana cand gutuia este foarte frageda, aproximativ 30 de minute, avand grija ca amestecul sa fie mereu la fiert si sa nu fiarba niciodata.
d) Se ia de pe foc, se acopera si se lasa sa se raceasca 2-3 ore; culoarea se va întuneca în acest timp.
e) Scoateți și aruncați scorțișoara. Transferați amestecul de gutui într-un blender, adăugați sucul de lămâie și sare și pasați până la omogenizare.
f) Se toarnă amestecul printr-o strecurătoare cu plasă fină pusă peste un bol. Acoperiți și lăsați la rece până la rece, cel puțin 2 ore, sau până peste noapte.
g) Congelați și amestecați într-un aparat de înghețată conform instrucțiunilor producătorului.
h) Pentru o consistență moale, serviți sorbetul imediat; pentru o consistență mai fermă, transferați-l într-un recipient, acoperiți-l și lăsați-l să se întărească la congelator timp de 2 până la 3 ore

66. Sorbet de guava

INGREDIENTE:

- 1 foaie de gelatină
- 325 g nectar de guava [1¼ cani]
- 100 g glucoză [¼ cană]
- 0,25 g suc de lamaie [⅛ linguriță]
- 1 g sare cușer [¼ linguriță]

INSTRUCȚIUNI:

a) Infloreste gelatina.
b) Se încălzește puțin nectarul de guava și se amestecă gelatina pentru a se dizolva. Se amestecă nectarul de guava rămas, glucoza, sucul de lămâie și sarea până când totul este complet dizolvat și încorporat.
c) Turnați amestecul în mașina de înghețată și congelați conform instrucțiunilor producătorului. Cel mai bine se toarnă sorbetul chiar înainte de servire sau utilizare, dar se va păstra într-un recipient ermetic la congelator timp de până la 2 săptămâni.

67. Sorbet de rodie ghimbir

INGREDIENTE:
- 1 cană zahăr granulat
- ½ cană apă
- 1 lingură ghimbir proaspăt tocat grosier
- 2 căni de suc de rodie 100%.
- ¼ cană lichior St. Germain opțional

GARNITURĂ:
- arile proaspete de rodie optional

INSTRUCȚIUNI:

a) Combinați zahărul, apa și ghimbirul într-o cratiță mică. Se aduce la fierbere, se reduce focul și se fierbe, amestecând din când în când, până când zahărul se dizolvă complet. Transferați într-un recipient, acoperiți și lăsați să se răcească complet la frigider. Acest lucru va dura cel puțin 20 până la 30 de minute sau mai mult.

b) Odată ce siropul simplu s-a răcit, strecoară siropul printr-o sită cu ochiuri fine, pusă peste un bol mare de amestecare. Aruncați bucățile de ghimbir. Adăugați sucul de rodie și lichiorul St. Germain în vasul cu siropul. Se amestecă bine.

c) Amestecul se amestecă într-un aparat de înghețată conform instrucțiunilor producătorului. Sorbetul este gata atunci când seamănă cu textura unui nămol gros.

d) Transferați sorbetul într-un recipient ermetic, acoperiți suprafața cu folie de plastic și congelați încă 4 până la 6 ore, sau ideal peste noapte. Se serveste si se orneaza cu aride proaspete de rodie.

68. Sorbet de afine cu mere

INGREDIENTE:

- 2 mere Golden Delicious,
- decojite,
- Cu miez și tocat grosier
- 2 căni de suc de afine

INSTRUCȚIUNI:

e) Într-o cratiță de mărime medie, combinați merele și sucul. Se încălzește până la fierbere.
f) Reduceți focul la fiert, acoperiți și gătiți timp de 20 de minute sau până când merele sunt foarte moi.
g) Acoperiți și lăsați deoparte să se răcească la temperatura camerei.
h) Intr-un robot de bucatarie sau blender, paseaza mere si sucul pana se omogenizeaza.
i) Se toarnă în aparatul de înghețată și se procesează în sorbet urmând instrucțiunile producătorului. (treceți la 9.) SAU 6. Dacă nu folosiți un aparat de înghețată, turnați piureul într-o tavă pătrată de 9". Acoperiți și congelați până când este parțial înghețat - aproximativ 2 ore.
j) Între timp, dați la rece un castron mare și bătăile unui mixer electric.
k) Pune piureul într-un castron răcit și bate la viteză mică până când bucățile sunt rupte, apoi bate la viteză mare până devine omogen și pufos -- aproximativ 1 minut.
l) Ambalați sorbetul într-un recipient de congelare și congelați câteva ore înainte de servire.

69.Sorbet de pepene verde

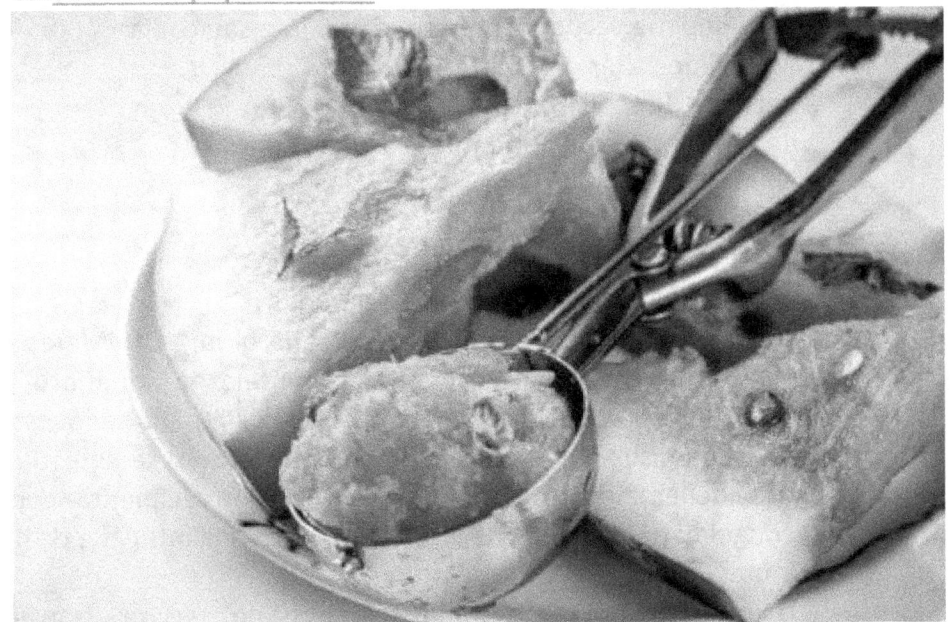

INGREDIENTE:

- 1 ½ kg pepene verde, cântărit fără semințe sau coajă
- 1 ¼ cană de zahăr granulat
- 2 batoane de scortisoara
- 2 linguri seminte de coriandru, zdrobite
- 3 linguri suc de lamaie

INSTRUCȚIUNI:

a) Reduceți pulpa de pepene verde la un piure.
b) Într-o cratiță cu bază grea, dizolvați zahărul în 2 căni de apă. Se adauga batoane de scortisoara si semintele de coriandru si se fierbe 5 minute. Se acoperă și se lasă la infuzat până se răcește.
c) Se strecoară siropul în piureul de pepene verde și se amestecă cu zeama de lămâie. Se toarnă amestecul într-un recipient. Acoperiți și congelați până la fermitate, batând de 3 ori la intervale de 45 de minute.
d) Cu aproximativ 30 de minute înainte de servire, transferați sorbetul la frigider.

70.Cactus Paddle Sorbet Cu Ananas și Tei

INGREDIENTE:
- Palete de cactus de ¾ kilograme (nopale), curățate
- 1½ cani sare de mare grunjoasa
- ¼ cană suc de lămâie proaspăt stors
- 1½ cani de ananas taiat cubulete (aproximativ ½ ananas)
- 1 cană zahăr
- ¾ cană apă
- 2 linguri miere

INSTRUCȚIUNI:
a) Tăiați paletele de cactus curățate în pătrate de aproximativ 1 inch. Într-un castron, aruncați cactusul cu sarea.
b) Se lasa deoparte la temperatura camerei timp de 1 ora; sarea va extrage slime natural din cactus.
c) Transferați cactusul într-o strecurătoare și clătiți sub jet de apă rece pentru a îndepărta toată sarea și slime. Scurgeți bine.
d) Într-un blender, pasați cactusul, sucul de lămâie, ananasul, zahărul, apa și mierea până se omogenizează.
e) Se toarnă amestecul într-un bol, se acoperă și se da la rece până la rece, cel puțin 2 ore sau până la 5 ore.
f) Congelați și amestecați într-un aparat de înghețată conform instrucțiunilor producătorului.
g) Pentru o consistență moale, serviți sorbetul imediat; pentru o consistență mai fermă, transferați-l într-un recipient, acoperiți-l și lăsați-l să se întărească la congelator timp de 2 până la 3 ore.

71.Sorbet de avocado-fructele pasiunii

INGREDIENTE:
- 2 căni de piure de fructe de pasiune congelat proaspăt sau decongelat
- ¾ cană plus 2 linguri de zahăr
- 2 avocado mici coapte
- ½ lingurita sare kosher
- 1 lingura suc de lamaie proaspat stors

INSTRUCȚIUNI:
a) Într-o cratiță mică, combinați piureul de fructul pasiunii și zahărul.
b) Gatiti la foc mediu-mare, amestecand, pana se dizolva zaharul.
c) Se ia de pe foc si se lasa sa se raceasca la temperatura camerei.
d) Tăiați avocado în jumătate pe lungime. Scoateți sâmburii și scoateți carnea într-un blender sau robot de bucătărie.
e) Adăugați amestecul răcit de fructul pasiunii și sarea și procesați până la omogenizare, răzuind părțile laterale ale borcanului sau bolului blenderului, după cum este necesar.
f) Adăugați sucul de lămâie și procesați până când se combină. Se toarnă amestecul într-un bol, se acoperă și se dă la frigider până se răcește, aproximativ 2 ore.
g) Congelați și amestecați într-un aparat de înghețată conform instrucțiunilor producătorului.
h) Pentru o consistență moale, serviți sorbetul imediat; pentru o consistență mai fermă, transferați-l într-un recipient, acoperiți-l și lăsați să se întărească în congelator timp de 2 până la 3 ore.

72.Sorbet de Vicor

INGREDIENTE:

- 3 căni de pulpă proaspătă de socor (de la 1 fructe mari sau 2 mici)
- 1 cană zahăr
- ⅔ cană apă
- 1 lingura suc de lamaie proaspat stors
- Un praf de sare cușer

INSTRUCȚIUNI:

a) Folosind un cuțit mare, tăiați sopa în jumătate pe lungime. Folosind o lingură, scoateți carnea și semințele într-o cană de măsurare; aveți nevoie de un total de 3 căni. Aruncați pielea.
b) Într-un castron, combină sopul și zahărul și amestecă cu o lingură de lemn, rupând fructele cât mai mult posibil. Se amestecă apa, sucul de lămâie și sarea.
c) Acoperiți și lăsați la rece până la rece, cel puțin 2 ore, sau până peste noapte.
d) Congelați și amestecați într-un aparat de înghețată conform instrucțiunilor producătorului.

73. Pentru un resh Sorbet de ananas

INGREDIENTE:
- 1 ananas hawaian copt mic
- 1 cană sirop simplu
- 2 linguri suc proaspăt de lămâie

INSTRUCȚIUNI:
a) Curățați, curățați și tăiați cubulețe ananasul.
b) Puneți cuburile într-un robot de bucătărie și procesați până când sunt foarte netede și spumoase.
c) Se amestecă siropul simplu și sucul de lămâie.
d) Gustați și adăugați mai mult sirop sau suc dacă este necesar.
e) Turnați amestecul în vasul aparatului de înghețată și congelați.
f) Vă rugăm să urmați manualul de instrucțiuni al producătorului.

74.Sorbet cu piersici albe

INGREDIENTE:
- 5 piersici albe coapte
- 1 foaie de gelatină
- ¼ cană glucoză
- ½ lingurita sare kosher
- ⅛ linguriță acid citric

INSTRUCȚIUNI:

a) Tăiați piersicile în jumătate și sâmburele. Pune-le într-un blender și pasează-le până când sunt netede și omogene, 1 până la 3 minute.
b) Treceți piureul printr-o sită cu ochiuri fine într-un castron mediu.
c) Folosește o căruță sau o lingură pentru a apăsa pe drojdia piureului pentru a extrage cât mai mult suc; ar trebui să aruncați doar câteva linguri de solide.
d) Infloreste gelatina.
e) Se încălzește puțin piureul de piersici și se amestecă gelatina pentru a se dizolva. Adăugați piureul de piersici rămas, glucoza, sarea și acidul citric până când totul este complet dizolvat și încorporat.
f) Turnați amestecul în mașina de înghețată și congelați conform instrucțiunilor producătorului.
g) Cel mai bine se toarnă sorbetul chiar înainte de servire sau utilizare, dar se va păstra într-un recipient ermetic la congelator timp de până la 2 săptămâni.

75.Sorbet de pere

INGREDIENTE:
- 1 foaie de gelatină
- 2⅓ căni de piure de pere
- 2 linguri glucoza
- 1 lingură cordial de flori de soc
- ⅛ linguriță sare cușer
- ⅛ linguriță acid citric

INSTRUCȚIUNI:
a) Infloreste gelatina.
b) Se încălzește puțin piureul de pere și se amestecă gelatina pentru a se dizolva. Adăugați piureul de pere rămas, glucoza, cordialul de floare de soc, sarea și acidul citric pana când totul este complet dizolvat și încorporat.
c) Turnați amestecul în mașina de înghețată și congelați conform instrucțiunilor producătorului. Cel mai bine se toarnă sorbetul chiar înainte de servire sau utilizare, dar se va păstra într-un recipient ermetic la congelator timp de până la 2 săptămâni.

76. Sorbet de struguri Concord

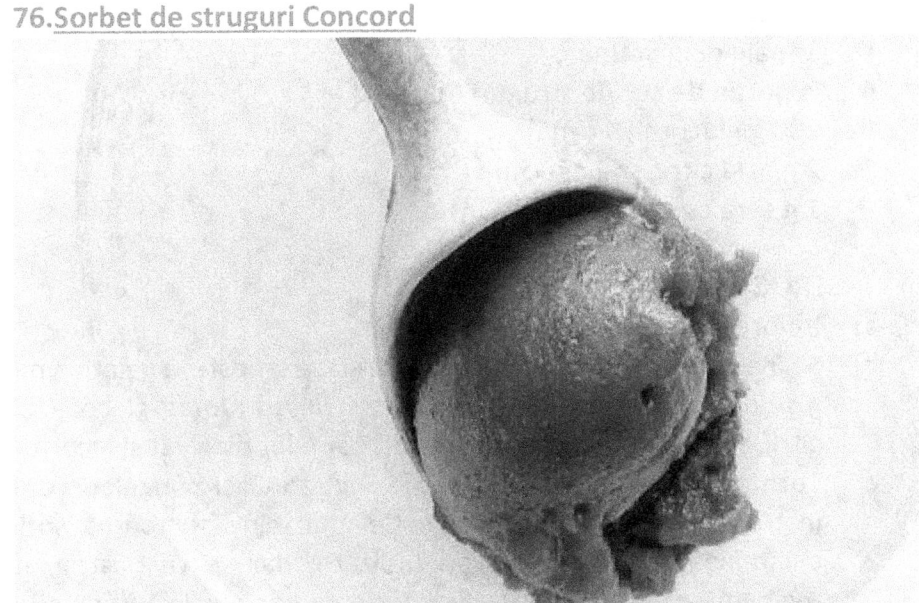

INGREDIENTE:
- 1 foaie de gelatină
- ½ porție de suc de struguri Concord
- 200 g glucoză [½ cană]
- 2 g acid citric [½ linguriță]
- 1 g sare cușer [¼ linguriță]

INSTRUCȚIUNI:
a) Infloreste gelatina.
b) Se încălzește puțin sucul de struguri și se amestecă gelatina pentru a se dizolva. Se amestecă sucul de struguri rămas, glucoza, acidul citric și sarea până când totul este complet dizolvat și încorporat.
c) Turnați amestecul în mașina de înghețată și congelați conform instrucțiunilor producătorului. Cel mai bine se toarnă sorbetul chiar înainte de servire sau utilizare, dar se va păstra într-un recipient ermetic la congelator timp de până la 2 săptămâni.

77.Sorbet Deviled Mango

INGREDIENTE:
- ⅓ cană apă
- 1 cană zahăr
- 2 ardei iute piquín
- 5¾ cești de mango coapte, decojite, fără sâmburi și tăiate cubulețe
- Suc de 1 lime
- ¾ linguriță sare kosher
- 1 lingurita de ardei iute piquín sau piper cayenne macinat

INSTRUCȚIUNI:
a) Într-o cratiță mică, combinați apa și zahărul. Aduceți la fiert la foc mediu, amestecând pentru a dizolva zahărul. Se ia de pe foc, se amestecă ardeiul întreg și se lasă să se răcească timp de 1 oră.

b) Scoateți și aruncați ardeii iute din siropul de zahăr. Într-un blender, combină siropul de zahăr și mango tăiat cubulețe și pasează până se omogenizează. Adăugați sucul de lămâie, sarea și ardeiul măcinat și amestecați pentru a se combina.

c) Gustați piureul și, dacă doriți, amestecați în plus chile măcinat, ținând cont că odată înghețat, sorbetul va avea un gust puțin mai puțin picant.

d) Se toarnă amestecul printr-o strecurătoare cu plasă fină pusă peste un bol. Acoperiți și lăsați la frigider până la rece, cel puțin 4 ore, sau până peste noapte.

e) Congelați și amestecați într-un aparat de înghețată conform instrucțiunilor producătorului.

f) Pentru o consistență moale, serviți sorbetul imediat; pentru o consistență mai fermă, transferați-l într-un recipient, acoperiți-l și lăsați-l să se întărească la congelator timp de 2 până la 3 ore.

IAURT INGHETAT

78. Iaurt congelat cu ghimbir proaspăt

INGREDIENTE:
BAZĂ DE IAURT ÎNGELAT
- 1 litru de iaurt simplu cu conținut scăzut de grăsimi
- 1½ cani de lapte integral
- 2 linguri amidon de porumb
- 2 uncii (4 linguri) cremă de brânză, înmuiată
- ½ linguriță pudră de sfeclă (pentru culoare; vezi Surse ; opțional)
- ⅛ linguriță de turmeric (pentru culoare; opțional)
- ½ cană smântână groasă
- ⅔ cană zahăr
- ¼ cană sirop ușor de porumb

SIROP DE GIMBIR
- ½ cană suc proaspăt de lămâie (de la 2 până la 3 lămâi)
- 3 linguri de zahar
- 2 uncii de ghimbir proaspăt (o bucată de aproximativ 4 inci lungime), decojit și feliat în monede de ⅛ inci
- ½ lingurita de ghimbir pudra

INSTRUCȚIUNI:
PENTRU IAURTUL STRASS
a) Puneți o sită peste un bol și tapetați-o cu două straturi de cârpă. Se toarnă iaurtul în sită, se acoperă cu folie de plastic și se da la frigider pentru 6 până la 8 ore pentru a se scurge. Aruncați lichidul și măsurați 1¼ cană de iaurt strecurat; pus deoparte.

PENTRU SIROPUL DE GIMBIR
b) Combinați sucul de lămâie cu zahărul într-o cratiță mică și aduceți la fierbere la foc mediu-mare, amestecând pentru a dizolva zahărul. Se ia de pe foc, se adauga ghimbirul feliat si ghimbirul pudra si se lasa sa se raceasca. Strecurați ghimbirul feliat și lăsați siropul deoparte.

PENTRU BAZĂ DE IAURT ÎNGELAT
c) Amestecați aproximativ 2 linguri de lapte cu amidonul de porumb într-un castron mic pentru a obține o pastă netedă.
d) Bateți crema de brânză, pudra de sfeclă și turmericul, dacă folosiți, într-un castron mediu până la omogenizare.
e) Umpleți un castron mare cu gheață și apă.

f) Gatiti Combinați laptele rămas, smântâna, zahărul și siropul de porumb într-o cratiță de 4 litri, aduceți la fierbere la foc mediu-înalt și fierbeți timp de 4 minute. Luați de pe foc și adăugați treptat pasta de amidon de porumb. Readuceți amestecul la fierbere la foc mediu-mare și gătiți, amestecând cu o spatulă rezistentă la căldură, până se îngroașă ușor, aproximativ 1 minut. Se ia de pe foc.

g) Se răcește Treptat, amestecul de lapte fierbinte se amestecă în crema de brânză până se omogenizează. Adăugați 1¼ cană de iaurt și siropul de ghimbir. Turnați amestecul într-o pungă de congelare Ziplock de 1 galon și scufundați punga sigilată în baia de gheață. Lăsați să stea, adăugând mai multă gheață după cum este necesar, până se răcește, aproximativ 30 de minute.

h) Înghețare Scoateți recipientul înghețat din congelator, asamblați mașina de înghețată și porniți-o. Se toarnă baza de iaurt înghețat în recipientul înghețat și se toarnă până devine groasă și cremoasă.

i) Ambalați iaurtul înghețat într-un recipient de depozitare. Apăsați o foaie de pergament direct pe suprafață și sigilați cu un capac ermetic. Congelați în partea cea mai rece a congelatorului până când se întărește, cel puțin 4 ore.

79. Iaurt congelat cu piersici proaspete

INGREDIENTE:
BAZĂ DE IAURT ÎNGELAT
- 1 litru de iaurt simplu cu conținut scăzut de grăsimi
- ⅔ cană de zară (sau lapte integral suplimentar)
- 1 cană lapte integral
- 2 linguri amidon de porumb
- 2 uncii (4 linguri) cremă de brânză, înmuiată
- ¼ linguriță sare de mare fină
- ½ cană smântână groasă
- ⅔ cană zahăr
- ¼ cană sirop ușor de porumb

PUREE DE PIERSICI
- 2 până la 3 piersici aurii coapte, decojite, fără sâmburi și tăiate în bucăți aspre
- ⅓ cană zahăr
- ¼ cană suc proaspăt de lămâie (de la aproximativ 2 lămâi)

INSTRUCȚIUNI:
PENTRU IAURTUL STRASS
c) Puneți o sită peste un bol și tapetați-o cu două straturi de cârpă. Se toarnă iaurtul în sită, se acoperă cu folie de plastic și se da la frigider pentru 6 până la 8 ore pentru a se scurge. Aruncați lichidul și măsurați 1¼ cană de iaurt strecurat. Adăugați zara și lăsați deoparte.

PENTRU IaURTUL ÎNGELAT
d) Amestecați aproximativ 2 linguri de lapte cu amidonul de porumb într-un castron mic pentru a obține o pastă netedă.
e) Bateți crema de brânză și sarea într-un castron mediu până se omogenizează.
f) Umpleți un castron mare cu gheață și apă.

PENTRU PIUREUL DE PIERSICI
g) Piersicile se fac piure intr-un robot de bucatarie. Transferați ⅔ cană de piure într-un castron mic. Rezervați restul pentru o altă utilizare.
h) Se amestecă zahărul și sucul de lămâie într-o cratiță medie și se aduce la fierbere la foc mediu-mare, amestecând până când

zahărul se dizolvă. Adăugați în piureul de piersici și lăsați să se răcească.

i) Gatiti Combinați laptele rămas, smântâna, zahărul și siropul de porumb într-o cratiță de 4 litri, aduceți la fierbere la foc mediu-înalt și fierbeți timp de 4 minute. Luați de pe foc și adăugați treptat pasta de amidon de porumb. Readuceți amestecul la fierbere la foc mediu-mare și gătiți, amestecând cu o spatulă rezistentă la căldură, pană se îngroașă ușor, aproximativ 1 minut. Se ia de pe foc.

j) Se răcește Treptat, amestecul de lapte fierbinte se amestecă în crema de brânză până se omogenizează. Adăugați 1¼ cană de iaurt rezervată și piureul de piersici. Turnați amestecul într-o pungă de congelare Ziplock de 1 galon și scufundați punga sigilată în baia de gheață. Lăsați să stea, adăugând mai multă gheață după cum este necesar, până se răceşte, aproximativ 30 de minute.

k) Înghețare Scoateți recipientul înghețat din congelator, asamblați mașina de înghețată și porniți-o. Se toarnă baza de iaurt înghețat în recipientul înghețat și se toarnă până devine groasă și cremoasă.

l) Ambalați iaurtul înghețat într-un recipient de depozitare. Apăsați o foaie de pergament direct pe suprafață și sigilați cu un capac ermetic. Congelați în partea cea mai rece a congelatorului până când se întărește, cel puțin 4 ore.

80. Tort Islandez Iaurt Inghetat

INGREDIENTE:
- 1½ cani de lapte integral
- 2 linguri amidon de porumb
- 1¼ cani skyr
- 2 uncii (4 linguri) cremă de brânză, înmuiată
- ½ cană smântână groasă
- ⅔ cană zahăr
- ¼ cană sirop ușor de porumb
- ½ cană Lady Cake mărunțită , congelată
- ½ cană Streusel , făcută cu ovăz și coaptă încă 20 de minute
- ⅔ cană sos de rubarbă înăbușită

INSTRUCȚIUNI:

a) Amestecați aproximativ 2 linguri de lapte cu amidonul de porumb într-un castron mic pentru a obține o pastă netedă.
b) Bateți skyr și cremă de brânză într-un castron mediu până la omogenizare.
c) Umpleți un castron mare cu gheață și apă.
d) Gatiti Combinați laptele rămas, smântâna, zahărul și siropul de porumb într-o cratiță de 4 litri, aduceți la fierbere la foc mediu-înalt și fierbeți timp de 4 minute.
e) Luați de pe foc și adăugați treptat pasta de amidon de porumb. Readuceți amestecul la fierbere la foc mediu-mare și gătiți, amestecând cu o spatulă rezistentă la căldură, până se îngroașă ușor, aproximativ 1 minut. Se ia de pe foc.
f) Se răcește Treptat, amestecul de lapte fierbinte se amestecă în crema de brânză până se omogenizează. Turnați amestecul într-o pungă de congelare Ziplock de 1 galon și scufundați punga sigilată în baia de gheață. Lăsați să stea, adăugând mai multă gheață după cum este necesar, până se răcește, aproximativ 30 de minute.
g) Înghețare Scoateți recipientul înghețat din congelator, asamblați mașina de înghețată și porniți-o. Se toarnă baza de iaurt în recipient și se toarnă până devine groasă și cremoasă.
h) Lucrând rapid, împachetați iaurtul înghețat într-un recipient de depozitare, alternând straturi de iaurt înghețat, prăjitură, streusel și sos de rubarbă.
i) Apăsați o foaie de pergament direct pe suprafață și sigilați cu un capac ermetic.
j) Congelați în partea cea mai rece a congelatorului până când se întărește, cel puțin 4 ore.

81.Iaurt Înghețat Cu Rozmarin și Fructe Confitate

INGREDIENTE:
- 1 lingura frunze proaspete de rozmarin
- 1/2 cană zahăr cofetar
- 1/2 cană de portocale confiate și coajă de lămâie
- 2 căni de iaurt de soia sau fără lapte
- 2 linguri. violete confiate

INSTRUCȚIUNI:

a) Se toaca marunt frunzele de rozmarin si se amesteca cu zaharul de cofetarie. Lăsați să stea cel puțin o oră, de preferat peste noapte.

b) Se toaca marunt coaja confiata (chiar daca este deja tocata). Amestecați iaurtul cu coaja confiată și violetele confiate într-un castron mare. Cerneți zahărul de cofetă peste vas, apoi amestecați-l. Împărțiți amestecul între 8 rame sau forme mici. Pune la congelator și lasă 2-3 ore.

c) Cu puțin timp înainte de servire, puneți formele pentru scurt timp în apă clocotită, apoi întoarceți iaurtul înghețat pe farfurii. Dacă doriți, serviți ornat cu crenguțe de rozmarin și felii de fructe proaspete.

82.Surpriză de ciocolată congelată

INGREDIENTE:
- 1 cană fasole anko sau adzuki, înmuiată peste noapte (sau 14 oz. cutie de fasole azuki)
- 2 căni de zahăr brun închis
- 2 căni de apă
- 4 linguri. pulbere de roscove
- 2 cani de lapte de orez
- 1 cană de iaurt de orez sau soia
- fructe proaspete feliate, de servit

INSTRUCȚIUNI:

a) Scurgeți fasolea înmuiată și puneți-le într-o cratiță mare acoperită cu apă. Aduceți la fiert și fierbeți timp de 1 oră sau până când încep să se înmoaie. Se scurge si se intoarce in tigaia cu zaharul brun si 2 cani de apa. Gatiti, descoperit, la foc moderat, pana cand se inmoaie cu adevarat si o mare parte din lichid s-a redus. Misto.

b) Amestecați fasolea într-un procesor cu suficient lichid de gătit pentru a obține un piure moale. Apoi amestecați pudra de roșcove, laptele de orez și iaurtul.

c) Amestecați până când se omogenizează. Transferați într-un aparat de înghețată și amestecați urmând instrucțiunile producătorului sau transferați într-un recipient de congelare și urmați instrucțiunile de amestecare manuală . Dacă folosiți un aparat de înghețată, opriți agitarea când este aproape ferm, transferați într-un recipient de congelare și lăsați la congelator timp de 15 minute înainte de servire sau până când este necesar.

d) Când este gata de servire, scoateți din congelator și lăsați timp de 15 minute să se înmoaie. Serviți cu fructe proaspete feliate.

83.Iaurt înghețat cu mure

INGREDIENTE:
- 2 cani de mure proaspete sau congelate neindulcite sau 1 cutie (16 1/2 uncie) de mure, scurse
- 1/3 până la 1/2 cană zahăr granulat
- 1 lingurita gelatina fara aroma
- 1/2 cană lapte degresat
- 1/4 cană apă
- 1 cutie (8 uncii) de iaurt simplu fără grăsimi
- 1 lingură coajă de portocală măruntită mărunt
- 1/4 cană suc de portocale

INSTRUCȚIUNI:
a) Dezghețați fructele de pădure, dacă sunt congelate. Între timp, într-o cratiță medie combina zahărul și gelatina; se amestecă laptele și apa. Se încălzește până când gelatina se dizolvă. Se da deoparte la racit.
b) Într-un bol robotului de bucătărie procesați fructele de pădure până se omogenizează. Presă prin sită; aruncați semințele. Amestecați piureul de fructe de pădure, iaurtul, coaja de portocală și sucul de portocale în amestecul de gelatină.
c) Transformați într-un congelator electric pentru înghețată de 2 litri. Congelați conform instrucțiunilor producătorului. (Sau turnați într-o tigaie de 9 x 5 x 3 inci.
d) Acoperi; congela aproximativ 6 ore. Rupeți în bucăți. Transferați într-un bol răcit.
e) Bateți cu un mixer electric până se omogenizează, dar nu se topește. Reveniți în tava rece. Acoperi; congelați aproximativ 8 ore.)

84. Iaurt înghețat cu miere de roșcove

INGREDIENTE:
- 3 cani de iaurt fara aroma
- ½ cană miere
- ¾ cană roșcove pudră

INSTRUCȚIUNI:
a) Amestecă într-un castron iaurtul, mierea și roșcova pudră până se omogenizează.
b) Turnați amestecul în vasul aparatului de înghețată și congelați. Vă rugăm să urmați manualul de instrucțiuni al producătorului.

85.Ghimbir Si Rubarba Iaurt Inghetata

INGREDIENTE:
- Cutie de 450 g iaurt cu rubarbă, răcit
- Cutie de 142 ml cremă unică, răcită
- 4 linguri de sirop dintr-un borcan de ghimbir cu tulpină
- 3 bucati de ghimbir tulpina, scursa

INSTRUCȚIUNI:
a) Puneti iaurtul intr-o cana si adaugati smantana si siropul de ghimbir.
b) Tăiați ghimbirul tulpină în bucăți foarte mici și adăugați-l în ulcior.
c) Cu un tel, amestecați până se amestecă bine.
d) Acoperiți și răciți timp de 20-30 de minute.
e) Introduceți amestecul în mașina de înghețată și congelați conform instrucțiunilor .
f) Transferați într-un recipient adecvat și congelați până când este necesar.

86. Iaurt înghețat cu miere

INGREDIENTE:
- 4 cesti de iaurt fara aroma
- 1 cană miere

INSTRUCȚIUNI:
a) Turnați amestecul în vasul aparatului de înghețată și congelați.
b) Vă rugăm să urmați manualul de instrucțiuni al producătorului.

AFFOGATO

87. Affogato cu alune de ciocolată

INGREDIENTE:
- 1 lingura de gelato sau inghetata de ciocolata
- 1 shot de espresso
- 1 lingura tartinata de alune.

INSTRUCȚIUNI:
a) Pune o lingura de gelato sau inghetata de ciocolata intr-un pahar de servire.
b) Se pune alunele întinse peste gelato. Turnați un shot de espresso fierbinte peste gelato.
c) Se amestecă ușor pentru a combina aromele.
d) Serviți imediat și răsfățați-vă cu combinația decadentă de ciocolată, alune și espresso.

88. Amaretto Affogato

INGREDIENTE:
- 1 lingură de gelato cu migdale sau amaretto
- 1 shot de lichior de amaretto
- 1 shot de espresso

INSTRUCȚIUNI:
a) Pune o lingură de gelato cu migdale sau amaretto într-un pahar de servire.
b) Se toarnă un shot de lichior de amaretto peste gelato. Adaugă o doză de espresso fierbinte.
c) Amestecați ușor pentru a amesteca aromele.
d) Serviți imediat și savurați combinația încântătoare de amaretto, migdale și espresso.

89. Tiramisu Affogato

INGREDIENTE:
- 1 lingură de gelato mascarpone
- 1 shot de espresso
- 1 lingura de pudra de cacao

INSTRUCȚIUNI:
a) Pune o lingura de gelato mascarpone intr-un pahar de servire.
b) Turnați un shot de espresso fierbinte peste gelato.
c) Pudrați blatul cu pudră de cacao.
d) Serviți imediat și bucurați-vă de aromele care amintesc de tiramisu în această variantă Affogato.

90.Affogato de caramel sărat

INGREDIENTE:
- 1 lingură de gelato cu caramel sărat
- 1 shot de espresso
- sos de caramel

INSTRUCȚIUNI:
a) Pune o lingură de gelato cu caramel sărat într-un pahar de servire.
b) Turnați un shot de espresso fierbinte peste gelato.
c) Stropiți cu sos de caramel.
d) Serviți imediat și savurați combinația de arome dulci și sărate.

91.Sorbet de lamaie Affogato

INGREDIENTE:
- 1 lingura de sorbet de lamaie
- 1 shot de lichior de limoncello
- 1 shot de espresso
- coaja de lamaie (optional).

INSTRUCȚIUNI:
a) Pune o lingură de sorbet de lămâie într-un pahar de servire.
b) Peste sorbet se toarnă un shot de lichior de limoncello.
c) Adăugați un shot de espresso fierbinte. Decorați cu coaja de lămâie, dacă doriți.
d) Serviți imediat și bucurați-vă de aromele răcoritoare și savuroase.

92. Affogato cu fistic

INGREDIENTE:
- 1 lingură de gelato cu fistic
- 1 shot de espresso
- fistic zdrobit

INSTRUCȚIUNI:
a) Pune o lingură de gelato cu fistic într-un pahar de servire.
b) Turnați un shot de espresso fierbinte peste gelato.
c) Se presară fistic zdrobit.

93. Affogato de nucă de cocos

INGREDIENTE:
- 1 lingură de gelato de cocos sau înghețată cu lapte de cocos
- 1 shot de espresso
- fulgi de cocos prajiti.

INSTRUCȚIUNI:
a) Puneti o lingura de gelato de cocos sau inghetata de lapte de cocos intr-un pahar de servire.
b) Turnați un shot de espresso fierbinte peste gelato.
c) Se presară cu fulgi de cocos prăjiți.

94. Affogato de migdale

INGREDIENTE:
- 1 lingură de gelato de migdale sau înghețată cu lapte de migdale
- 1 shot de lichior de amaretto
- 1 shot de espresso
- migdale feliate

INSTRUCȚIUNI:
a) Puneți o linguriță de înghețată de migdale sau de înghețată cu lapte de migdale într-un pahar sau un bol de servire.
b) Se toarnă un shot de lichior de amaretto peste gelato.
c) Pregătiți un shot de espresso fierbinte și turnați-l peste gelato și lichior.
d) Se ornează cu un strop de migdale feliate.
e) Serviți imediat și bucurați-vă de combinația încântătoare de arome de migdale, amaretto și espresso.

95. Affogato de portocale și ciocolată neagră

INGREDIENTE:
- 1 lingură de gelato sau sorbet de portocale
- 1 shot de espresso
- așchii de ciocolată neagră sau ciocolată neagră rasă

INSTRUCȚIUNI:
a) Pune o lingură de gelato sau sorbet de portocale într-un pahar de servire.
b) Turnați un shot de espresso fierbinte peste gelato.
c) Presărați cu așchii de ciocolată neagră sau ciocolată neagră rasă.

96.Nutella Affogato

INGREDIENTE:
- 1 lingură de gelato cu alune sau înghețată
- 1 shot de espresso
- 1 lingura de Nutella.

INSTRUCȚIUNI:
a) Pune o lingura de gelato sau inghetata de alune intr-un pahar de servire.
b) Peste gelato se pune Nutella.
c) Turnați un shot de espresso fierbinte peste gelato.
d) Se amestecă ușor pentru a combina aromele.

97.Chip de ciocolată cu mentă Affogato

INGREDIENTE:
- 1 lingură de gelato sau înghețată cu ciocolată cu mentă
- 1 shot de espresso
- sirop de ciocolată
- frunze de mentă proaspătă (opțional)

INSTRUCȚIUNI:
a) Puneți o linguriță de gelato sau înghețată cu ciocolată cu mentă într-un pahar de servire.
b) Se toarnă un shot de espresso fierbinte peste gelato.
c) Stropiți cu sirop de ciocolată.
d) Decorați cu frunze de mentă proaspătă, dacă doriți.

98.Sorbet de zmeură Affogato

INGREDIENTE:
- 1 lingură de sorbetto de zmeură
- 1 shot de lichior de zmeură (cum ar fi Chambord)
- 1 shot de espresso
- fructe de padure proaspete

INSTRUCȚIUNI:
a) Pune o lingură de sorbetto de zmeură într-un pahar de servire.
b) Se toarnă un shot de lichior de zmeură peste sorbetto.
c) Adaugă o doză de espresso fierbinte.
d) Se ornează cu fructe de pădure proaspete.

99.Caramel Macchiato Affogato

INGREDIENTE:
- 1 lingura de gelato caramel sau inghetata
- 1 shot de espresso
- sirop de caramel
- frisca.

INSTRUCȚIUNI:
a) Pune o lingura de gelato caramel sau inghetata intr-un pahar de servire.
b) Turnați un shot de espresso fierbinte peste gelato.
c) Stropiți cu sirop de caramel.
d) Acoperiți cu frișcă.

100.Biscotti cu alune Affogato

INGREDIENTE:
- 1 lingură de gelato cu alune sau înghețată
- 1 shot de espresso
- biscotti cu alune zdrobite.

INSTRUCȚIUNI:
a) Pune o lingura de gelato sau inghetata de alune intr-un pahar de servire.
b) Turnați un shot de espresso fierbinte peste gelato.
c) Se presară biscotti cu alune măcinate.

CONCLUZIE

Pe măsură ce ne încheiem călătoria prin lumea bogată a deserturilor Ice Gold, sper că această carte de bucate v-a inspirat să vă dezlănțuiți creativitatea și să vă răsfățați cu plăcerile decadente ale deliciilor congelate. „Cartea de bucate pentru deserturi de aur cu gheață" a fost creată cu o pasiune pentru a celebra măiestria, ingeniozitatea și încântarea pură a preparării deserturilor congelate, oferind o colecție de rețete care cu siguranță vor ridica orice experiență culinară.

Vă mulțumesc că mi-ați fost alături în această aventură înghețată. Fie ca bucătăria ta să fie plină de aromele tentante ale înghețatei proaspăt amestecate, de răcoarea răcoritoare a sorbeților și granitelor și de frumusețea rafinată a creațiilor elegante semifreddo și parfait. Indiferent dacă savurați o linguriță de gelato într-o seară caldă de vară sau vă răsfățați cu o felie de tort cu înghețată decadentă, fiecare mușcătură poate fi un moment de beatitudine pură și perfecțiune culinară.

Până ne întâlnim din nou, înghețare fericită și fie ca creațiile tale înghețate să continue să uimească și să încânte. Iată lumea luxoasă a deserturilor Ice Gold și bucuria pe care acestea o aduc în viața noastră!

www.ingramcontent.com/pod-product-compliance
Lightning Source LLC
Chambersburg PA
CBHW071124130526
44590CB00056B/1126